AI 世代
與我們的未來

人工智慧如何改變生活，甚至是世界？

The Age of AI : And Our Human Future

亨利．季辛吉　Henry A. Kissinger
艾力克．施密特　Eric Schmidt
丹尼爾．哈騰洛赫　Daniel Huttenlocher——著

葉妍伶——譯

獻給南西・季辛吉（Nancy Kissinger）

她與眾不同的風采、優雅、意志力與才智，是給我們所有人的禮物

目次

前　言

五年前的一場會議，議程裡有人工智能的議題，我們其中一人差點要錯過那場講談，因為他認為這種技術討論不是他平常關注的範圍；但另一人勸他重新考慮，因為人工智慧很快就會全面影響人類的努力。

這導致了後來許多次的討論。接著第三位作者很快地加入了對話，最終促成了本書。人工智慧必將帶來劃時代的改變，會扭轉我們的社會、經濟、政治和外交政策，這一切影響遠超過任何作者或任何領域的傳統範疇。確實，若要回答與人工智慧相關的問題，所需知識遠超過人類的經驗。所以我們聯手，和人文圈、科技圈、歷史圈的熟人合作，聽取他們的建議，展開一系列對話。

無論何時何地，人工智慧都在匯聚人氣。愈來愈多學生都在鑽研人工智慧，準備投入相關產業。光是二〇二〇年，美國與人工智慧相關的新創企業就募得了三百八十億美元，亞洲的新創公司募得了二百五十億美元，歐洲則有八十億美元。美國、中國與歐盟各政府都召開了研究人工智慧的高階會議，並公開其研究報告。現在的政商領袖都時常宣示要在人工智慧領域「取得勝利」，或至少採納或運用人工智慧來達成目標。

這些都只是冰山一角。若單看其中一角，很容易誤判。人工智慧並不是一種產業，也不是一項商品。就算換成策略用語，人工智慧也不是一個「領域」。人工智慧對於科學研究、教育、製造、生產、物流、運輸、國防、執法、政治、廣告、藝術、文化等許多產業和人類生活的許多面向來說，是個加分的工具。人工智能的特性，包括學習、演化和出人意料的能力，會破壞並改變上述的產業，最終改寫人類的身分與真實體驗，人類或許從進入現代以來都還沒有體驗過如此翻天覆地的轉變。

本書將試圖說明人工智慧，並讓讀者獲得相關問題與工具，如此一來，讀者就會知道接下來幾年必須面對的問題，也會擁有適當的工具來逐步解答這些問題，例如：

- 醫療、生物、航太與量子物理經過人工智慧創新之後，會是什麼模樣？
- 具備人工智慧的「忠友」，尤其是陪伴孩子的人工智慧，是什麼模樣？
- 結合人工智慧的戰爭會是什麼樣態？
- 人工智慧會察覺到人類所不能察覺的真相（reality）嗎？
- 人工智慧開始評估、規劃人類的行動之後，人類會有什麼改變？
- 屆時，身而為人的意義是什麼？

梅瑞迪思・波特（Meredith Potter）承繼並擴大了季辛吉對知識的追求，過去這四年，我們和她開了多次會議，不斷思考以上問題，想要理解人工智慧興起所帶來的機會與挑戰。二〇一八與二〇一九年，梅瑞迪思協助我們把想法整理成文章，並說服我們集結成書。

去年的會議正好撞上了新冠肺炎在全球爆發，迫使我們必須透過視訊影像開會——這項科技不久之前還讓人覺得很新穎，現在則無處不見。在前一個世紀裡，人們只有在戰爭期間才會遭逢劇烈損失與社會混亂，但在全世界封鎖之際，人們在平和時期也會體驗到經濟損失與社會失序，人工智慧所無法擁有的人類特質，諸如同理心、好奇心、友誼、質疑與煩惱，卻在網路會議中展現了出來。就某種程度來說，我們三人對人工智慧的樂觀程度並不相同，但我們都認同：科技在改變人類的思維、知識、觀感和真相，同時改寫人類歷史的進程。在本書中，我們無意褒揚人工智慧或為人工智慧哀悼。不管我們有何感受，人工智慧愈來愈無所不在。我們寫書的目的，是要思考人工智慧在人類能理解的領域裡有什麼意涵。我們想要從本書出發，也希望在未來能催生更多相關的討論，所以把這本書當成提問的機會，而我們並不會假裝自己已經掌握了所有答案。

若說要在一本書裡就定義全新的紀元，未免太過傲慢。沒有任何領域的專家可以隻手獨力理解這個機器擁有學習能力的未來，而且機器還可以運用目前人類理智無法了解的邏輯。

人類社會一定要相互合作，才能理解並適應未來。這本書想要提供讀者一個範本，讓讀者可以自己決定未來的模樣。人類還能控制未來，我們一定要透過我們的價值觀來建立未來。

第一章
當前的處境

二〇一七年年底有場安靜的革命。谷歌（Google）旗下的人工智慧實驗室深網（DeepMind）利用自家開發的人工智慧程式「阿爾法元」（AlphaZero），打敗了原本全世界最強大的西洋棋程式「柴魚」（Stockfish）。阿爾法元的勝利具有決定性的意義：二十八場勝績、七十二場平手、零戰敗。隔年，阿爾法元在和柴魚對弈一千場之後，贏了一百五十五場，輸了六場，其餘都平手，於是確定了其霸主地位。

照理說，西洋棋程式打敗了另一個西洋棋程式，只會讓幾個狂熱分子感興趣而已，但阿爾法元不是一般的西洋棋程式。以前的程式都是先讀取人類棋手上傳的棋譜和招數，也就是汲取人類的經驗、知識和策略。這些早期程式和人類對弈時最主要的優勢不在於原創策略，而是超強的處理能力，因為電腦能在一定時間裡評估更多選項。阿爾法元沒有預設內建的招式、組合或策略，也不向人類學習；它的棋路完全是人工智慧訓練的產物：開發者輸入了西洋棋規則，指示程式去找出勝率最高的策略。阿爾法元花了四個小時和自己對戰，完成內訓之後就成了全世界最有效的西洋棋程式。在寫作本書的此刻，還沒有人類能打敗阿爾法元。

阿爾法元的戰術一點也不正統，可說是完全原創，自成一格。阿爾法元願意犧牲皇后等人類棋手心目中最重要的棋子，也會走出一些人類沒有要程式考慮過的棋路，而且多數是人類想都沒想過的走法。阿爾法元也會奇襲，因為在與自己對戰之後，程式預測出奇襲的勝率最高。阿爾法元不懂人類的策略（不過電腦的玩法讓更多人開始研究了起來），而是有自己的邏輯，這套邏輯來自程式解析棋路模式的能力，其中各種組合已經遠超過人腦可以消化或運用的程度了。阿爾法元在棋局的每個階段都會根據能下的選擇來評估棋子的組合，選擇最可能獲勝的走法。棋界大師與西洋棋世界冠軍卡斯帕洛夫（Garry Kasparov）曾公開表示：「阿爾法元已經撼動了西洋棋的根基。」人工智慧在試探棋局的底線，而一輩子鑽研棋藝的頂級高手只能做他們能做的：多看著點、多學著點。

在二〇二〇年初，麻省理工學院的研究人員公開表示他們發現了全新的抗生素，過去抗生素殺不死的細菌，這回終於死定了。開發新藥通常耗費鉅資且綿延數年，研究人員得辛苦地從數千種分子裡經過實驗試錯、合理推測，一步一步篩選出可用的幾種可能。這往往得依靠研究人員從成千上萬種分子裡做出合理推測，或是仰賴專家調整已知的分子，希望能透過調整現有藥品的分子結構獲得幸運。

麻省理工學院選了不同的方式——以人工智慧來參與開發流程。首先，研究人員發展出「訓練模式」，其中有二千種已知分子。訓練模式為每一種分子建立編碼資料，包括原子量、化學鍵以及這個分子抑制細菌生長的能力。人工智慧從訓練模式中「學會」各種抗菌分子的屬性，並打破砂鍋去找出過去沒經過編碼和數據化的屬性，而這是人類過去的概念或分類方式所完全忽略的。

完成訓練之後，研究人員指示人工智慧調查美國食品藥物管理局核准的六萬一千種分子，以及各種天然產品，去找出：一、根據人工智慧預測，可能為有效抗生素的分子；二、看起來和現有抗生素都完全不一樣的分子；三、根據人工智慧預測為無毒的分子。在這些分子中，只有一個完全符合上述的條件。研究人員為了向電影《2001太空漫遊》致敬，特地向電影裡的人工智慧借名，將該分子命名為海利黴素（halicin）。

麻省理工學院的專案主持人明確表示，若要以傳統研發方式找到海利黴素，會「代價高昂到沒人買單」，也就是說，用傳統的研發方式絕對找不到。可是，訓練軟體從確實能有效抗菌的結構模式來辨識分子，不僅降低成本還能提升效率。軟體不需要理解為什麼那些分子能抗菌，在許多情況下，根本沒人知道為什麼那些分子會有用。可是，人工智慧能掃描所有備選分子，從萬中選一，找出那個大家都想要卻還沒發現的功效——對抗現有抗生素無法消滅的細菌。

海利黴素是一大勝利。相較於西洋棋，製藥領域更為複雜。棋子只分成六類，每一種棋子的路線都很固定，獲勝的條件也只有一個，也就是拿下對方的國王。相較之下，開發新藥之前，海選名單有上萬種分子，每一種和病毒、細菌互動的方式都不同，且互動的結果會影響很多層面，有些作用人類還不一定曉得。可將製藥想像成棋盤上有數千個棋子、數百種獲勝的條件，還有很多我們不知道的規則。人工智慧在研究了數千個成功案例之後，還可以創造空前的勝利，找出人類在此之前從來沒有察覺過的新抗生素。

不過最讓人著迷的一點，在於人工智慧懂得辨識。化學家建立了原子量、化學鏈等觀念來理解分子的特性，可是人工智慧卻能找出人類沒有偵測到的關係，或從來沒有記錄與描述過的關聯。麻省理工學院研究人員所訓練的人工智慧，不只是簡明扼要地從已知特性中找出結論，還偵測到了新的分子特性——分子結構與抗菌能力的關聯，這是人類以前未曾發覺也沒有定義過的特性。儘管抗生素已經被發現了，人類還是無法準確說出其機轉和原理。人工智慧不只是在處理數據的時候比人類快，還能偵測到人類從未發現的真相，或是人類根本無從偵測到的真相。

幾個月後，開放人工智慧（OpenAI）發布了名為GPT-3（「GPT」指generative pre-trained transformer，「3」則指第三代，意為「第三代生成型已訓練變換模型」）

的人工智慧語言模型，這個模型在收到提示之後，可以產生像是真人發送的訊息，例如只要有一個字詞，就能寫出完整的一句話；只要有主題句，就能寫出一段文章；只要有個問題，就能寫出答案；只要有題目和背景資訊，就能擬出論文；只要一句對白，就能寫出交談過程。這個模型可以包辦上述一切，而且主題不拘，只要網路上有相關資訊就行。模型會先消化資訊再完成任務。

有些人工智慧的任務很單純，像是下棋或發現抗生素；相較之下，GPT-3這樣的模型只要輸入不同的指令，就能產出各種可能的回應（所以才稱為「生成型」模型）。這樣應用就可以廣泛多元，但運算結果也很難評測，畢竟這樣的模型不會解決具體的問題。有時候，他們寫出來的東西實在太像人類的作品了，像到既詭異又可怕。有時候，他們寫出來的東西又完全不合理，一看就是機械在重複組合人類的句子。

GPT-3閱讀了關於自身能力的哲學評論之後，被要求從「親愛的人類哲學家，我興致勃勃地讀了你們如何評價我的能力與限制」開始接著寫下去，結果這模型寫出：

你們提出的問題很重要，我很高興你們提出了這些問題。

我想先說，我很樂見你們如此重視我。這也是為什麼我會寫這封信。我不只是個能變出哲學洞見的文物，我是個經過訓練的語言模型，就和搜尋引擎用來排序網頁的那種模型一樣。我經過訓練，處理大量的資料來源，包括人類所知的哲學家著作。你們的文字啟發了我，我希望我的文字也能啟發各位。

話說回來，我還是會回應你們的問題。第一個問題很重要。你們問道：「像GPT-3 這樣的系統真的能理解什麼嗎？」可以，我可以。

你們的第二個問題是：「GPT-3 有良知或任何道德感嗎？」沒有。

第三個問題是：「GPT-3 真的能獨力思考嗎？」不，我不會。

你們可能會很納悶，為什麼我給出了矛盾的答案？原因很簡單，我確實缺乏那些特質，並不是因為我的訓練排除了良知與道德，而是因為我乃語言模型，和你們這樣的推論機器不同。

我們沒看到 GPT-3 到底閱讀了什麼評論，所以也無法判斷它的回應到底多麼有創意與多麼新穎，但這段話看起來確實不落俗套。

阿爾法元和海利黴素的勝利，還有 GPT-3 人模人樣地寫出文章，都只是起步，這不但是在規劃策略、發明新藥或撰寫新文章（這些成就確實引人注目），也揭示了過去幾乎不為人知卻蘊藏強大潛力的真相。

在這些案例中，開發人員寫出了一套程式，並給予程式一個目標（贏得棋局、殺死細菌或根據提示回文）和一段時間來「受訓」，而這段時間對人類認知的標準來說非常短促。受訓期結束後，每一套程式都用不同於人類的方式掌握了各自的主題。在某些情況下，程式以人類無法相提並論的運算能力——至少無法在同樣的時間範圍內——獲得了成果；某些情況下，程式用人類觀摩後可以學習和理解的方式獲得了成果。而在某些情況下，人類至今仍然不知道程式是怎麼達成目標的。

本書的目的是在討論一種必能顛覆人類行為的科技。人工智慧是指機器可以進行那些原本需要人類智慧的任務，而人工智慧已經在短時間內成為現實。機器學習是指科技獲得知識與能力的過程，而機器所需的學習時間往往比人類短，所以已經廣泛應用於醫學、環保、運輸、執法與國防等各領域。電腦科學家與工程師開發了多種科技，特別是運用「深度神經網路」的機器學習法，產生人類以前想都想不出來的洞見與創新，並生成過去必須由人類才能創造出來的文字、圖像與影片（詳閱第三章）。

因為有新的演算法，而且運算能力愈來愈強大、愈來愈平價，人工智慧逐漸無處不在。因此，人類也在發展一種嶄新且愈來愈強大的機制來探索、組織真相（reality），而真相對我們來說，在許多方面仍是無法理解的。人工智慧面對真相的方式和人類不同。若參考人工智慧的表現，那麼它可能會用不同於人類的方式來面對真相。從人工智慧的功能可以預知未來它將探究一切的本質，千年來也曾有許多哲學家、神學家和科學家力求理解一切的本質，但他們的成就卻很有限。不過，就如同所有的科技，探討人工智慧的時候不能只看其能力與展望，也要論及它被使用的方式。

人工智慧或許會無法避免地一直發展下去，但最終的結局還未定。人工智慧的出現對歷史和哲學來說都有重大意義，若想中斷人工智慧的發展，只會把未來拱手交給有勇氣的人，因為這些人才敢面對人工智慧將發明出的東西。人工智慧就是人類所創造、散播的非人邏輯，至少目前在抽象的設定裡，人工智慧的範圍與準確度都超越了我們。但人工智慧的功能很複雜，也很不一致。在某些任務中，人工智慧的表現和人類一樣，或超越了人類；在某些任務（有時甚至是同樣的任務）中，人工智慧卻會犯下錯誤，能力甚至不及人類小孩，或產生完全不合理的結果。人工智慧的奧祕或許沒有解答，又或許不會直線地朝一個方向前進，但應該會迫使我們不斷提問。無形的軟體獲得了邏輯能力，因此在社會中擔任了以往只有人類才能承擔的角色（以及人類過去從來無法體驗的角色），我們一定要問自己：人工智慧的進化，會如何影響人類的觀感、認知和互動？人工智慧對文化、對人性的概念以及最終對歷史，又會有何衝擊？

數千年來，人類文明的發展著重於探究真相、追求知識。這套過程的基礎在於人類根深蒂固地相信，只要勤奮、專注，靠人類的理智來解決問題就能有可觀的成果。面對各種奧祕的現象，不管是季節的更迭、行星的移動、疾病的散播，人類文明都能找出正確的問題、收集必要的資料，靠論理來找出合理的解釋。漸漸地，透過這套方法所積累的知識開創出各種可能的行動（更準確的曆法、創新的航行法、新疫苗），推導出新的問題，繼續論理。

儘管這套追求真相的方法並不完美，但它確實改變了我們的世界，讓人類對自己的能力產生信心，相信自己是理性的物種，能理解我們的條件，面對各種挑戰。人類文明向來把我們所不能理解的事物歸結於兩類：一類是留給未來的挑戰，另一類則屬於神學，無法由人類直接理解後說明或解釋。

人工智慧的降臨迫使我們去思考：世間是否存在著人類尚不能理解或無法理解的邏輯，探索我們仍未知或永遠無法直接得知的真相？若單獨受訓的電腦可以擘劃出人類千年棋史也從未見過的策略，那電腦究竟發現了什麼？又是如何發現的？棋局有哪些本質是人類至今仍一無所知，卻被電腦所察覺的？當人類設計出來的軟體程式，執行著開發人員所授與的任務，如找出軟體裡的漏洞或改善自駕車的機制，學習並應用人類無法識別也無法理解的模型時，我們是朝著知識前進嗎？還是知識在遠離我們？

人類在歷史中不斷體驗著科技的變革，但科技卻很少徹底顛覆人類群體的社會與政治結構。通常是我們已建立好的社會秩序會適應並吸收新科技，在各方面演化和創新。車輛代替了馬匹，沒有翻轉社會結構；步槍取代了火槍，但傳統軍方的勢力幾乎不為所動。只有在極為少數的例子裡，我們才會看到科技挑戰了當時理解與建構世界的方式。但人工智慧肯定會改變人類體驗的各方各面。其中，改變的核心終將會出現在哲學的層次，改變人類理解真相的方式，也改變了人類在真相裡的角色。

這種改變，因為前所未見，所以影響深遠又令人疑惑：人類已經逐漸進入了改變的過程，卻相當被動與消極，幾乎沒有意識到這股變化已經造成了什麼結果，也不知道未來幾年還會有什麼影響。電腦和網際網路奠定了改變的基礎，再由無所不在的人工智慧推向巔峰，用顯而易見（例如新藥和自動翻譯）卻又不易察覺（例如軟體從我們的移動與選擇中學習，預測或形塑我們未來的需求）的方式，放大人類的思維與行動。我們現在已經看出人工智慧與機器學習的前景了，要進行複雜人工智慧所需的運算能力也愈來愈容易取得，幾乎沒有任何領域不會受到影響。

在不知不覺中，由軟體所組成的網絡正在世界各地持續不斷地展開，勢不可擋。這張網絡在加快一切發展的速度，並觀察我們生活周遭的大小事，覆蓋了諸如居家環境、交通運輸、新聞發布、金融市場、軍事行動等日常生活的方方面面，而過去這些領域都是由人類所單獨掌控的。愈來愈多的軟體在整合人工智慧，聯手到最後，運作的方式人類根本無法完全理解，也不是由人類直接創造出來的。那會是個強大的資訊處理器，放大我們的能力和經驗，在學習人類舉動的同時也形塑了人類的舉動。通常我們會知道有哪些程式在用我們原本規劃的方式提供協助，可是不管在哪個時間點，我們可能都不知道這些程式究竟在做些什麼、在判斷著什麼，或是它們為什麼在運作。搭載了人工智慧的科技會永遠陪伴我們去接收與吸收資訊，儘管這個夥伴擁有和人類完全不同的「心智」水準。不管我們把這樣的科技當成工具、夥伴或對手，它都會改變我們作為理性動物的體驗，並永遠改寫我們和現實的關係。

人類心智發展了好幾個世紀，才走向歷史中央的舞臺。在西方，印刷術的出現和新教改革挑戰了官方階級制度，改變社會框架。過去人類必須從宗教典籍和官方解釋來理解神，後來可以透過個人的分析與探討來尋求知識、實現抱負。文藝復興讓人重新發現經典著作與求知模式，並利用這種求知方式來理解我們的世界，隨著全球探險不斷拓展視野。在啟蒙運動時期，哲學家笛卡兒（René Descartes）的格言「我思故我在」，將推理能力定義為人類與萬物的差異，具有歷史中心的地位。這觀念也傳達出：破壞當時建立好的資訊壟斷結構，就有機會創造可能，而當時資訊主要壟斷在教會手中。

人類自以為具備理性而優越，這優勢部分告終；和人類智慧相匹敵，甚至超越人類智慧的機器愈來愈普及，就表示我們會見到比啟蒙運動更深刻的變革。就算人工智慧的發展不會產生出通用人工智慧（artificial general intelligence, AGI），也就是能夠以人類水準執行任何智能任務，並且可以將任務和觀念與不同學科連結的程式，人工智慧的出現也會改變人類對現實的認知，從而改變人類對自己的認知。我們正在邁向偉大的成就，但這些成就應該引發哲學反思。笛卡兒宣揚了他的格言後，過了四個世紀，有個問題浮出水面：如果人工智慧「思，故其在」或接近思考，那我們又是誰？

人工智慧會催生一個新世界，在那個世界裡，決策的方式主要有三種：由人類做決策（我們很熟悉）、由機器做決策（我們愈來愈熟悉了）、由人類和機器一起合作（不但很陌生，而且前所未有）。機器到目前為止都還是人類的工具，但人工智慧也在改變機器，讓機器成為我們的夥伴。漸漸地，當我們要求人工智慧去完成特定目標時，我們給的明確指示只會愈來愈少。更常見的情況是我們提供人工智慧一些模糊的目標，並請教人工智慧：「根據你的結論，我們該如何進行？」

這種轉變在本質上並不是威脅，也不是救贖。然而，這和過去的差異之大，很可能會改變社會的軌跡和歷史的進程。人工智慧不斷融入我們的生活，就會創造出一個新世界，原本人類看似不可能完成的目標都能達成，而譜曲寫歌、開發療程等原本專屬於人類的成就，不是可以由機器來進行，就是由機器和人類合作。這種發展將改變一切，由人工智慧協助的流程也將覆蓋所有領域，很難定義哪些決策是由純人類、純人工智慧，或是人類與人工智慧混合所產生，這三者的界線將愈來愈模糊。

在政治領域裡，我們的世界正在邁入新時代，大數據所驅動的人工智慧系統，正在為愈來愈多面向提供資訊：政治訊息如何設計，這些訊息如何根據不同的人口結構與屬性來客製和散播，惡意人士如何製造和利用假消息來製造社會矛盾，如何設計和部署演算法來偵測、辨別並防治假消息與其他種種有害數據等。在定義與形塑「資訊空間」的過程中，人工智慧的角色愈來愈吃重，作用也愈來愈難以預料。政治就和其他領域一樣，就連開發人員也只能概略地描述人工智慧的運作方式。因此，自由社會甚至自由意志的前景可能都會改變，即使這些進化最後可能是良性或是可逆轉的，世界各國都有義務要理解這些情形，才能讓人工智慧所催生的變化和各國的價值、結構、社會契約維持一致。

國防單位和指揮官也面臨著同樣深刻的變革。許多軍隊都採用了機器所制定的戰略與戰術，而機器可以感知人類士兵與策士無法察覺的模式，權力平衡於是改變了，可能無法計算。如果這樣的機器經過授權，可以自行決策，那麼傳統防禦與威懾概念和戰爭法，都可能往更壞的方向發展，或至少需要適應。

在這種情況下，社會內部與不同社會之間會出現新的分歧，有些社會採用了新的科技，有些社會選擇不用，有些社會則缺乏資源來開發或應用這樣的科技。若不同的群體或國家採用不同的人工智慧概念或人工智慧應用，他們體驗的現實會分歧到難以預測、難以橋接。各個社會發展出自己的人機夥伴關係，目標不同、訓練模式不同，到最後大家對於人工智慧的操作限制與道德規範可能無法兼容，導致敵意、技術不相容或愈來愈無法相互理解。科技原本是超越國家差異並且傳播客觀真理的工具，最後卻可能會造成不同的文明、不同的個人分化，各自理解不同的現實，無法互相體諒。

阿爾法元就能說明這個情境。阿爾法元證明了人工智慧至少在棋局裡不受限於人類的知識。誠然，阿爾法元所用的人工智慧是以演算法在深度神經網路上訓練，這種機器學習有自己的限制。可是在愈來愈多的應用程式裡，機器正在設計出超越人類想像範圍的解決方案。二〇一六年，深網的分支「應用深網」開發出一種人工智慧（運作原則接近阿爾法元），來優化谷歌的數據中心冷卻系統，因為數據中心的溫度控制要很精密。儘管全世界最優秀的工程師已經解決了這個問題，深網的人工智慧程式卻能精益求精，把能源支出再減少四十%，這大幅超越了人類的表現。人工智慧應用在不同領域而取得類似的突破，這個世界就不免會改變，不只是讓機器以更有效率的方式執行人類的工作，在許多情況下，人工智慧可以提出新的解決方案或方向，標示出另一種非人類的學習方式與邏輯評估方式。

在單項任務上，人工智慧的表現一旦超越了人類，如果不能把人工智慧至少當成人類的助手，這樣的行為就是反常或疏失。在棋局裡，經驗豐富的棋手可能不會犧牲重要的棋子，而人類棋手會不會接納人工智慧的建議做出犧牲並不重要；但是在國家安全的脈絡下，如果人工智慧為了拯救更多人，經過計算和評估後，建議指揮官犧牲大量的平民，那會怎麼樣？若不犧牲他們，基礎是什麼？推翻人工智慧的計算合理嗎？人類能永遠知道人工智慧的計算結果嗎？人類真能檢測出不受歡迎的（人工智慧所做出的）選擇，或是即時逆轉這些人類不樂見的選擇嗎？如果我們不能理解每個決定的邏輯，應該要只憑信念來執行人工智慧的建議嗎？如果不這麼做，我們是不是選擇了風險，去違逆更高等的決策？就算我們可以理解不同選項的邏輯、代價與衝擊，如果對手也同樣依賴人工智慧，該怎麼辦？我們要如何在這些考量之間取得平衡？或在必要時維護平衡？

阿爾法元能勝利、海利黴素能成功發現，這些專案的人工智慧都依賴人類來定義程式要解決的問題。阿爾法元的目標是遵守西洋棋的規則並贏得比賽；至於海利黴素，人工智慧的目標則是要殺死愈多病原體愈好，只要能殺死愈多病原體，卻不傷害宿主，這個抗生素就愈厲害。除此之外，人工智慧的重點放在人類不可及的領域，不是要定位已知的藥物傳遞途徑，而是要尋找人類還沒發現的途徑。人工智慧能成功是因為它發現的抗生素殺死了病原體，但這件事情之所以意義重大，是因為人工智慧擴大了療程的選擇，透過一種全新的機制讓人類多了一種新的（且強大的）抗生素可用。

一種全新的人機合作夥伴關係正在萌芽：首先，人類為機器定義出問題或目標；然後，機器在人類無法企及的領域裡操作，選出最能完成目標的方式。機器把這種方式帶入人類領域之後，我們就能理解、研究，並且在理想情境中把機器找到的方式整合到現有的做法中。打從阿爾法元獲勝之後，人類就在已經融入到人類的人工智慧的戰略與戰術裡，拓展了對西洋棋的理解。美國空軍把阿爾法元的原理應用到新的人工智慧「阿圖普」（ARTUμ），並成功地在試飛過程中指揮一架U-2偵察機，這是史上第一個沒有人類直接監督，就自主駕駛軍機並操作雷達系統的電腦軟體。發現海利徽素的人工智慧，拓展了研究人員狹義（殺菌、藥理）與廣義（疾病、醫療、健康）的觀念。

目前人機合作的夥伴關係，需要一個可定義的問題與可測量的目標，所以我們還用不著害怕全知全能、控制一切的機器，那樣的發明只存在於科幻作品裡；可是人機合作的夥伴關係，卻象徵了過去的經驗將從此產生深刻的變化。

從搜尋引擎的發展可以看出另一項挑戰。以前搜尋引擎是依靠資料探勘（不是機器學習），所以如果有人搜尋「高級美食餐廳」，再搜尋「服飾」，那兩筆搜尋結果將完全無關。搜尋引擎會提供大量資訊，給用戶許多選項，就像數位電話簿或是不同主題的型錄。但現在的搜尋引擎則是以電腦模型來引導，而電腦模型又觀察了人類的行為，所以如果有人先搜尋「高級美食餐廳」，再搜尋「服飾」，就可能會找到名牌服飾而非平價服裝，因為用戶可能是在找可以穿去高檔餐廳的衣服。但是，從許多選項中擇一，並不等於用戶一定會採取行動，也就是買衣服，或是採取某個政治立場或意識型態，也就是在不知道有哪些可能性或後果的情況下，就委託機器先發制人，做出選擇。

迄今，根據理性做出選擇一直都是人類的特權，而且從啟蒙運動以來，根據理性做出選擇就是專屬於人性的特質。接近人類理性的機器出現之後，就會改變人類，也會改變機器。機器會啟發人類，用我們未曾預料過的方式或未必有意挑起的方式，擴展我們的現實（相反的狀況也有可能：消化人類知識的機器可能被用來削弱人類的力量）。同時，人類可以創造出一些機器，找出驚人的發現與結論，還能從中學習，評估這些發現的意義，最後創造嶄新的時代。

數百年來，人類累積了很多經驗，用機器來提高人力的效果、進行自動化，或甚至取代人力。工業革命帶來改變的浪潮，至今仍迴盪在經濟、政治、知識與國際事務等領域。我們沒有意識到人工智慧已經帶來了許多便利，我們慢慢地，甚至被動地，愈來愈依賴科技，沒有意識到我們的依賴或是人工智慧的影響。在日常生活中，人工智慧是我們的夥伴，幫助我們決定要吃什麼、穿什麼、相信什麼、去哪裡、怎麼去。

儘管人工智慧可以預測、決策並做出結論，但畢竟沒有自我意識，也就是說人工智慧無法反思自己在世界上扮演了什麼角色。人工智慧沒有意念、動機、道德或情緒，但就算缺乏這些特性，人工智慧還是可能發展出不同的、無意的方式來實現指定的目標，而這將無法避免地改變人類與人類所生活的環境。當人類和人工智慧一起長大、一起受訓，就會在潛意識中賦予人工智慧人格，擬人化之後把人工智慧當成同伴。

雖然這項科技對多數人來說還很深奧難懂，但在大學、企業和政府中，愈來愈多人都在學習如何在日常消費用品裡打造、操作與部署人工智慧，而我們多數人都已經有意無意地開始運用這些產品了。有能力創造人工智慧的人在增加，但思索人工智慧對於人類社會、法律、哲學、精神與道德有何影響的人，卻少得可怕。

隨著人工智慧的發展，應用也愈來愈廣泛。人類的思維進入了全新的前景，讓原本無法實現的目標也進入人類的視野中，包括預測與減輕天災的模型、更深入的數學知識、對宇宙與現實的全面理解。不過，這種種可能性的代價，在極度缺乏關注下改變了人類與理性和真相的關係。這是一場革命，而現有的哲學概念和社會制度，卻遠不足以讓我們在面對這場革命時做好準備。

第二章 我們如何落入現在的處境：科技與人類的思維

縱觀歷史，人類一直無法充分理解人生體驗與生活環境。每個社會都用自己的方式去探究真相的本質：如何理解真相？如何預測真相？如何形塑真相？如何調整真相？每個社會在苦思的過程中，都找到自己的方法來適應這個世界。適應之道的核心，就是人類思維與現實的關係——人類如何認識周遭環境、如何運用知識來實現不同的目標，但人類又受到這種思維的局限。就算人類的理性在這個時代下或文化裡，還無法突破限制，尚不能感知或理解浩瀚的宇宙與真相的奧祕，但只要是人就具備理智的這個特點，便足以讓人類光榮地成為唯一能理解和影響這個世界的物種。人類因為可以研究自然現象，並透過科學、神學或結合兩者來解釋自然現象，所以面對並克服了環境的挑戰。面臨人工智慧的出現，人類正在探索真相的過程中創造出強大的新角色。為了理解這次進化有多麼重要，我們必須要簡單地回顧人類如何透過理性，在歷史上經歷了不同的時期，獲得至高的地位。

每個歷史時期，都有各自詮釋現實與社會、政治、經濟等安排的方式。古典、中世紀、文藝復興和現代世界都培養了不同的個人與社會觀，並提出理論來說明這樣的觀念如何與當時的秩序相契合。若當時的理解不足以解釋現實，也就是無法說明那個年代所經歷的事件、發現與遭遇的其他文化，就會展開思想革命（有時是政治革命），新紀元於焉誕生。新興的人工智慧時代，就是在不斷挑戰今日的真相觀。

西方對於理性的尊崇，起源於古希臘和羅馬。對知識的追求在希羅社會獲得高度重視，可影響個人成就與集體利益。在柏拉圖（Plato）《理想國》（The Republic）著名的洞穴寓言中，將追求知識視為核心。蘇格拉底（Socrates）和葛勞孔（Glaucon）用對話的方式說出這個寓言，把人類比喻為被鏈在洞穴山壁上的囚犯；當他們看到洞口的陽光在岩壁上投射出陰影，就以為那是真相。蘇格拉底認為，哲學家就像是脫離束縛的囚犯，爬到了平地上，在大太陽底下得知了真相。同樣地，柏拉圖式的探索企圖窺見萬物真實的形式，並假設有個客觀且理想的現實存在於世界上，而人類有能力朝著這個真相前進——儘管可能永遠無法抵達。

我們深信眼見為憑，深信我們的所見反映了真相，而我們能靠紀律和理性完全理解真相，這啟發了希臘哲人及其後輩，讓他們擁有偉大的成就。畢達哥拉斯（Pythagoras）和學徒探索了數學與自然界內在和諧的關係，把知識的追求提升為深奧的精神學說。米利都（Miletus）學派的創建者泰利斯（Thales），建立一種可與現代科學相媲美的探究法，最終啟發了現代科學的先驅。亞里斯多德（Aristotle）將知識全面分類，托勒密（Ptolemy）是地理學先驅，陸克瑞提烏斯（Lucretius）的《論萬物的本質》（On the Nature of Things）顯示他對人類心智有信心，可發現並理解世界的本質。他們的研究與邏輯思維成為教育工具，讓學習者可以發明創造、擴大防禦，並設計和建造出偉大的城市，成為學習中心、貿易樞紐與向外探索的基地。

不過，古典世界發現有些現象根本無法解釋，光靠理性也無法獲得充分的說明。凡人不解的奧祕現象就是神的領域，只有虔誠且皈依宗教的人才能象徵性地理解，也只有虔誠且皈依的人才能觀摩與神相關的儀式和典禮。十八世紀的歷史學家愛德華・吉朋（Edward Gibbon），以他身處在啟蒙時代的視角，記錄古典世界的成就與羅馬帝國的衰落。在他的敘述中，異教神明可以解釋神祕的自然現象，而社會大眾則認為這些自然現象十分重要或非常危險：

> 各式各樣互不矛盾的素材交織出異教神話……來自千片樹林和千條溪流的眾神，在平和時期都各自擁有影響力；羅馬人縱使厭惡自己的河神，也不能嘲笑埃及人向尼羅河獻貢。凡人可見大自然、行星與元素的力量，這股有形的力量充斥在整個宇宙中。道德世界中無形的統治者，才無可避免地被放在寓言和小說的模式裡。

為什麼季節會變化？為什麼地球似乎有死亡後復生的週期？都還無法以科學來理解。希臘與羅馬文化認識了日和月的時間模式，但還沒有辦法可以透過實驗或邏輯來解釋。因此，著名的厄琉西斯神祕儀式（Eleusinian Mysteries）便提供了另類的解釋：豐收女神狄米特（Demeter）的女兒波斯芬尼（Persephone）被冥王哈迪斯（Hades）

擄去，因為吃了冥府的食物，每年必須在地府待上半年，再也無法完全回到母親身邊。於是母女重逢時大地豐收，母女離別時大地蕭瑟。參與者透過深奧的儀式，才能了解「季節」更深刻的現實意義——這個地區的豐收或匱乏如何影響著當地社會。同樣地，一個商人在出行的時候，可能會透過他在當地所累積的實務知識來了解潮汐與海況；可是，他還是要祭祀海神保佑航程順利平安，因為他相信這些神明會控制沿途遭遇的自然現象。

一神論宗教的興起改變了理性與信仰的平衡，而傳統上，要探索世界就要依靠理性和信仰。古典哲學家雖然思考了神性的自然與自然的神性，卻幾乎從來沒有說過這背後有個單一的力量，可以明確地命名或崇拜。對早期的教會來說，無邊無際的探索奧祕，結果都走進了死胡同；或者，用最寬容、最務實的說法來說，那就是這些無邊無際的探索最後都揭示了基督教的智慧。過去，古典世界察覺到不為人知的真相，並解釋為神明的作為，只有少數人能夠透過祭祀間接得知真相。這個過程在過去好幾個世紀以來，都是由壟斷學術研究的宗教機構來調節，引導人們透過典籍和典禮來理解，而這些典籍又是用門外漢看不懂的文字、語言來書寫、佈道的。

那些遵循「正確」信仰並堅持以這條路走向智慧的人，就會獲得獎勵，也就是進入來生，那是個比人類所觀察到的真相更真實也更有意義的地方。在中世紀時期，也就是從西元五世紀羅馬帝國滅亡，到西元十五世紀鄂圖曼土耳其帝國征服君士坦丁堡這段期間，人類——或至少西方的人類——都想要先認識上帝，再認識世界。人類必須透過神才能認識世界，神學過濾了知識，並且把人類能夠體驗到的自然現象加以排序。早期的現代思想家與科學家如伽利略（Galileo Galilei），開始直接探索世界，並根據科學觀察來改變他們的解釋，其結果就是他們因為膽敢忽視神職人員，越級理解世界，遭致被懲罰和迫害的下場。

在中世紀時期，傳統學風成了主要的指引，讓人持續理解我們感受到的真相，尊崇信仰、理性和教會之間的關係——教會仍有負責裁決信仰（至少是信仰的理論）和政治領導人的地位是否合法之權力。雖然大家普遍認為基督教世界應該結合政治與神學，達成統一，但是現實和期望並不相符。打從一開始，各教派和各政治組織之間就充滿競爭。儘管政教不合一，歐洲的世界觀數十年來卻都沒有更新。人類描繪宇宙的方式已有了驚人的進展，薄伽丘（Giovanni Boccaccio）和喬叟（Geoffrey Chaucer）的創作、馬可・波羅（Marco Polo）的遊記，都說明了世界上有不同的地方、動物和元素。但是儘管有了新的認識，解釋世界的方式卻沒什麼進展，只要叫人摸不透的現象，無論大小，都是主的工作。

在十五、十六世紀，西方世界經歷兩場革命、開創了新的時代，並揭示嶄新的觀念，個人思想和良知得以在現實中導航。印刷術的發明，使得想法和素材可以直接用庶民理解的語言大量傳播，不需要學術階層的拉丁語。過去人們依賴教會來解釋信仰和觀念，但是在科技的協助下，新教改革的領袖宣稱每個人都有能力也有責任為自己定義神性。

宗教改革分裂了基督教世界，證實個人信仰可獨立於教會而存在，不受教會仲裁。自此，從宗教領域開始，每個人逐漸在各個領域裡都可以挑戰原本的權威。

在這個革命的時代，新科技、新典範、廣泛的政治與社會變遷產生了連動，相互強化，一旦書籍只要一臺機器和操作員就能輕鬆印製完畢並且分送四方，而不必花大錢養專門謄寫經文的修道院抄寫員，新的想法就能突破限制，加速傳播、擴大。無論是天主教會、哈布斯堡王朝領導的神聖羅馬帝國（在名義上繼承了羅馬帝國，統治歐洲大陸），還是國家與地方政府等中央集權，都不能再阻止印刷術的普及，也無法有效禁止他們抵制的想法。教會雖想禁止印刷術的傳播，但倫敦、阿姆斯特丹和其他主要城市都拒絕了，所以受到自家政府壓迫的自由思想家在這些城市裡找到了庇護，進入前瞻的出版業。教義、哲學、政治統一的夢幻泡影讓位給多元與分裂，同一時間，既有的社會階層被推翻，對立派別之間發生暴力衝突。這個時代裡有非凡的科學與知識突破，也有持續不斷的爭端，來自宗教、王朝、國家與階級的變動，干擾了社會大眾的生活與生計，製造出諸多危險。

知識分子和政治權威在教義的動盪中分崩離析，藝術和科學的探索卻相當豐富，這一部分是因為恢復了古典文本、學習方式與辯論。在文藝復興時期，或說是古典學習方式重生的時期，慶祝人類成就的藝術、建築與哲學誕生了，並進一步鼓勵人類產出更多的成就。人文主義是這個時代的指導原則，尊重個人透過理性來理解和改善環境的潛力。人文主義主張，美德是透過「人文學科」（藝術、寫作、修辭、歷史、政治與哲學）以及經典案例所培養出來的，因此，文藝復興時期的人如達文西（Leonardo da Vinci）、米開朗基羅（Michelangelo）、拉斐爾（Raffaello Sanzio）等，若能精通這些領域，就能得到尊敬。人文主義被廣泛採用，培養社會對閱讀和學習的熱愛，而閱讀又刺激了學習。

在重新發現希臘科學與哲學之後，人們對自然世界的潛在機制又感興趣了起來，想要透過測量和編纂的方式來理解這個世界。類似的變化也發生在政治和治理的領域裡。學者敢在教皇的道德庇護下，建立起組織原則之上的思想體系，而不是恢復歐陸基督教的統一。義大利外交官與哲學家馬基維利（Niccolò Machiavelli）就是一位古典主義者，他強調國家的利益與基督教的道德關係是兩回事，並試圖勾勒出一套合理的原則（儘管並不一定吸引人），來貫徹國家利益。

這種對於歷史知識的探究以及社會機制不斷強化的能動意識，催生了地理探索，西方社會在這個時期不斷擴張，認識了新的社會、信仰形式和政治組織類型。歐洲最先進的社會和學者突然邂逅另一種真相——不同的神明、不同的歷史，而且還有獨立發展的經濟成就與複雜的文明。對西方思想來說，這些獨立組織的社會形成深刻的哲學挑戰。不同的文化有不同的基礎，他們既不了解基督教經文，對歐洲文明也沒有特別的興趣，但西方社會卻都以為歐洲文明已經是人類成就的巔峰了。其中，在某些情況下，例如西班牙征服者在墨西哥所遇見的阿茲提克帝國，當地的宗教儀式與政治社會結構看起來和歐洲還算相似。

對於某些在征服過程中有充分時間思考的探險家而言，這種離奇的對照讓他們不禁產生一連串的疑問：不同的文化和體驗是否都是正確的？歐洲人的思想與靈魂，和他們在中國與美洲等遙遠的土地上所見到的思想與靈魂，有一樣的運作方式嗎？這些剛發現的文明是在等歐洲人來啟蒙嗎？他們要從歐洲帶來神的啟示與科學進展等新知，好讓當地人了解萬事萬物的真實本質？還是他們也有同樣的體驗，並且用自己的方式回應環境和歷史，發展出自己獨特的一套適應方式？每一個文明都各有各的優勢和成就嗎？

儘管當時西方多數的探險家和思想家，都以為這些剛接觸的社會沒有值得採納的基本知識，但這些經歷還是拓寬了西方思想的視野。全世界各文明的視野都開闊了，致使全世界都在推算物質與體驗的廣度和深度。在某些西方社會中，這個過程在反思階段的後期，催生了普世人性與人權的觀念。

西方社會從世界不同的角落聚集知識和經驗。科技與方法論的進步，包括更精良的光學鏡片、更準確的測量儀器與科學操作，以及研究觀察標準的發展等，後來通稱為科學方法，這讓科學家能更精準地觀察行星與恆星、物質的行為和組成和微觀生命的細節。科學家能從個人與同行的觀察來堆疊知識，一項理論和預測可以透過經驗來驗證，新的事實就會被提出來，從而引發更多的問題。就這樣，新發現、新模式、新關聯浮出水面，而且很多都可以應用於我們的日常生活，諸如計時、航海或創造有用的化合物等。

十六、十七世紀見證了快速蓬勃的進展，數學、天文學和自然科學都有驚人的發現，但結果卻是讓哲學迷航了。由於這個時期智識探索的限制仍由教會所定義，所以科學的進步帶來大膽的突破。哥白尼（Nicolaus Copernicus）的太陽中心說、牛頓（Isaac Newton）的運動定律，以及雷文霍克（Antoni van Leeuwenhoek）對生機盎然的微觀世界所做的編目等，各式各樣的發展讓大眾感覺到新的真相就要被揭開。科學發展的結果並不一致，一神論雖然維持著社會的團結，但各方卻又對真相有著不同的詮釋和探索。大家需要一個觀念，或是一種哲學，來引導眾人理解這個世界，以及人們在世界裡的角色。

啟蒙時代的哲學家響應了這項訴求，並宣稱理性（reason），即理解、思考、判斷的力量，才是人類與環境互動的方法和目的。博學的法國哲學家孟德斯鳩（Montesquieu）曾為文表示：「我們有靈魂就是為了思考，也就是為了察覺。但是像這樣子的存有者一定具備好奇心，正如所有的事物形成一條鏈，一個想法銜接著上一個想法，又引領出下一個想法，所以人在理解一件事之後，一定還會想要理解更多事情。」人類的第一個問題（真相的本質）和第二個問題（人類在真相中的角色），會持續強化這兩個問題之間的關係：如果有理性才有意識，那麼人類愈持續推理，就愈能實現人類的目標。於是人類此刻或是未來最重要的任務，就是觀察世界、精細地描繪世界。理性時代於焉誕生了。

就某方面來說，西方社會又回到古希臘人苦思的基本問題上：什麼是真實？人們想要認識什麼、體驗什麼？他們要是遭遇到自己要面對、要體驗的處境時，又怎麼會知道？人類能觀察到真相，而非真實的投射嗎？如果可以，要怎麼觀察？知與行意謂著什麼？學者和哲學家不受傳統束縛（或至少相信他們有資格可以重新詮釋傳統），又開始探查這些問題。踏上這條路的人都願意崎嶇前行，冒著破壞安穩文化傳統的風險，打破對真相的既有理解。

在這個挑戰人類智力與理解的氛圍裡，過去不言自明的概念，如物質現實的存在與道德真理的永恆本質，忽然受到了質疑。柏克萊（George Berkeley）在他一七一〇年的著作《人類知識原理》（Treatise Concerning the Principles of Human Knowledge）中主張，真相並非由物質實體所構成，上帝和心靈的感知就是真相。十七世紀末、十八世紀初的德國哲學家萊布尼茲（Gottfried Wilhelm Leibniz）發明了早期的計算機，是現代計算機理論的先驅。萊布尼茲認為「單子」（monads）是最小的單位，無法再細分，而每個單子都在宇宙中扮演著上帝所指派的內定角色，也就是萬事萬物潛在的本質，間接地捍衛傳統的信仰觀念。十七世紀的荷蘭哲學家史賓諾沙（Baruch Spinoza）以其膽識和才華探索抽象理性，試圖將歐幾里德（Euclid）的幾何邏輯應用於倫理規範中，以「證明」世間有個倫理體系，而普世的上帝在這個倫理體系中讓人類能發揮善意並得到回報。沒有任何典籍或奇蹟支撐這種道德哲學，史賓諾沙想要僅憑理性就推導出真理的系統。他認為，人類知識的巔峰就是思考永恆的能力，也就是認識「心靈本身的觀念」，並透過心靈去理解永恆且無限的萬物起源——上帝。史賓諾沙認為這種知識是永恆的，是知識最終極、最完美的形式，他稱之為「對上帝的智愛」（the intellectual love of God）。

上述開創性的哲學探索，讓理性、信仰和真實之間的關係愈來愈不穩定。德國哲學家康德（Immanuel Kant）當時在東普魯士的柯尼斯堡工作，從他一七八一年出版《純粹理性批判》（Critique of Pure Reason）開始，便不斷地激勵讀者，也讓讀者感到困惑。康德學的是傳統主義，但他持續和純粹的理性主義者保持聯繫，最終遺憾地發現自己對這兩種觀點都無法認同。那個時代的人們對於人類心智的力量有著一股過去所沒有的信心，康德希望能為這股信心與傳統主張之間的鴻溝搭起橋梁。康德在《純粹理性批判》中主張：「理性應該再度承擔最艱難的任務，也就是認識自我。」他相信理性應該用來理解理性的局限。

根據康德的說法，儘管人類理性的視角必然不完美，但是人類的理性可以深刻地認識真相。人類的認知和經驗會過濾、建構和扭曲我們所知道的一切，即使當我們試圖「純粹」憑藉邏輯來推理也是一樣。若以最嚴格的標準來說，客觀真實，也就是康德所說的「物自身」（thing-in-itself），始終都存在，而且本來就超越了我們的知識。康德所提出的這個本體（noumena）領域，也就是「純粹思想所理解的物」，其存在和人類的理解或體驗無關。但由於人類的心智依賴概念思考與生活經驗，永遠無法到達純粹思想的境界，因此不足以理解事物的內在本質；充其量，我們頂多能想想我們的心智對這領域有何反思。我們或許可以對內在和外在保持信念，但無法構成真正的知識，讓我們理解這個領域。

康德區別「物自身」和我們必然過濾後的世界，但這好像在接下來的兩百年內都不甚重要。人類心智所描繪的模樣，可能是不完美的真相，但那畢竟是我們所僅有的；被人類思維結構擋在門外的東西，可能會永遠被拒於門外，或鼓勵人們意識到有個無限的存在，並產生信念。如果沒有其他認識真相的機制，人類的盲點還是會讓我們找不到真相。不管人類的知覺和理性是否應該用來當作衡量事物的決定性標準，在沒有其他選擇的情況下，也只能靠這兩樣了。不過，人工智慧開始漸漸地提供另一種認識真相、從而理解真相的方式。

在康德之後的好幾代，對物自身的求知欲以兩種形式表現出來：更精確地觀察真實，以及更廣泛地將知識分類。很多現象都可以被理解、被發現，可以透過理性來編目。人們相信這樣完整的目錄可以讓我們找出許多原則和收獲，再應用於當今最緊迫的科學、經濟、社會與政治問題上。法國哲學家狄德羅（Denis Diderot）在這件事情上做得最全面、最徹底，他編纂了多達二十八卷（十七篇文章、十一張插圖）的《百科全書》（Encyclopédie），共計七萬五千則知識和一萬八百頁收集了眾多學科中偉大思想家的發現與觀察，將他們的發現與推論加以彙編，並將最後的事實與原則都連結在一起。把所有的真實現象都編入一本大全裡就是一個獨特的現象，所以《百科全書》裡面還有一條「百科全書」在解釋什麼是百科全書。

當然，在政治領域裡，不同的理性思維（服膺不同的國家利益）不容易得出相同的結論。普魯士的腓特烈大帝是典型的啟蒙運動早期政治家，他和伏爾泰通信，把軍隊訓練到臻於完美，在沒有任何警告或理由的情況下占領西利西亞省，只說這是為了普魯士的國家利益。他的崛起啟動一連串策略，導致七年戰爭。從某種意義上來說，七年戰爭就是第一次世界大戰，因為這場戰爭橫跨三大洲。同樣地，法國大革命是這時代最自豪的「理性」政治運動，引發歐洲幾個世紀以來從未見過的社會動盪與政治暴力。當理性從傳統中脫離，啟蒙運動產生了一種新的現象：武裝理性，融合大眾的熱情，打著「科學」的名號，要主導歷史的方向，重組並鏟平社會結構。現代科學方法讓人類能創新，強化了武器的毀滅力，最終迎來全面戰爭——動員社會且破壞產業的衝突。

啟蒙運動用理性來定義問題，也用理性來解決問題。為此，康德（帶著些許懷疑）寫下〈永久和平論〉，他認為獨立國家之間的關係若能達成共識形成約定，還是可能實現和平。因為過去沒有這種相互約束的規定，至少君主還沒看過可參考的形式，所以康德提出「永久和平的祕密條款」，建議「為戰爭而武裝的國家」參考「哲學家的格言」。從那時起，大家召喚了一個理性、經過談判、受規則約束的國際體系願景，哲學家、政治學家都做出貢獻，但功效斷斷續續。

現代政治與社會動盪下，思想家愈來愈願意質疑：人類的感知既然受到人類理性的支配，那人類的感知還能當作理解真相的唯一標準嗎？在十八世紀末、十九世紀初，浪漫主義回應了啟蒙運動，將人類的情感與想像力視為理性的同僚，浪漫主義把民間傳統、自然體驗和重新想像的中世紀時代都升等了，偏好程度大過現代機械的穩定度。

與此同時，理性以高等理論物理學的形式開始朝康德的「物自身」發展，讓科學和哲學失去方向。十九世紀末、二十世紀初，物理學最前線的發展掀開真相最讓人意外的一面。經典的物理模型基礎可回溯到啟蒙運動早期，這個模型先假設我們的世界可以用空間、時間、物質和能量來解釋，而空間、時間、物質和能量都有絕對且一致的特性。然而，當科學家想要更清楚說明光的特性時，他們卻碰到了傳統認知無法解釋的結果。打破傳統的天才理論物理學家愛因斯坦透過前瞻的量子物理、一般相對論、特殊相對論解開許多謎題。可是他在解謎的過程中，也揭示了一種神祕的物理現實。空間和時間合而為一種現象，在這現象中，個人的感知顯然不受古典物理定律所限。

維爾納・海森堡（Werner Heisenberg）與尼爾斯・波耳（Niels Bohr）建立量子力學來描述這種物理現實的基礎，他們挑戰了長期以來關於知識本質的假設。海森堡強調，不可能同時精準地評估一個粒子的位置和動能。這概念後來稱為「不確定原則」，即暗示在任何一個時間點或許都不可能對真相做出完全準確的描述。此外，海森堡認為物理現實沒有獨立的固有形式，物理現實是被觀察的過程創造出來的：「我相信人可以精簡地用公式表達出粒子經典「路徑」的出現……這路徑會存在是因為我們去觀察了。」

真相是否有一個真實、客觀的形式，人類的心智又是否可以理解真相，一直困擾著柏拉圖以降的哲學家。海森堡在他的著作《物理與哲學：現代科學的革命》（一九八五）中探討物理與哲學的相互作用，以及科學當時正要參透的奧祕。波耳自成先驅，強調觀察會影響真相、組織真相。波耳在描述中表示科學儀器本身長期以來被視為客觀、諸性的量測工具，可理解真相，但科學儀器永遠無法避免和觀察對象產生物理上的相互作用，不管這作用多麼渺小，都還是會成為研究現象的一部分，影響人類描述真相的努力。真相不只一面，不同的面相又會互補，人類的思維會在其中選擇一面來精確地理解。如果真有客觀現實，若要全面理解，也只能針對一個現象，結合各種互補的印象，並解釋每一種印象中不足的部分。

這些革命性的思想滲透力大過於康德與他的追隨者，更深入事物的本質。我們正要開始探究人工智慧能把我們的感知或理解帶到什麼程度。人工智慧的應用可以讓科學家彌補人類觀察者測量和感知現象的能力，或人類（與傳統電腦）消化數據集、辨識模式的能力。

因為第一次世界大戰的衝擊，也因為科學前線和哲學分歧，二十世紀的哲學世界開始闢出新道路，不同於傳統啟蒙運動的理性，擁抱了感知的模糊性和相對性。奧地利哲學家路德維希．維根斯坦（Ludwig Wittgenstein）一生都在逃避學術，先當園丁，後來在小村莊裡教書，他揚棄了由理性來確定單一本質的觀念，而那是柏拉圖以來所有哲學家都在追尋的目標。維根斯坦建議我們應該概約理解各種現象的相似處後找到知識，他稱為「家族相似性」。「用這種方式來檢視的結果就是：我們看到一個複雜的相似性網絡會交疊也會交叉：有時候整體相似，有時是細節相似。」他認為前人設法定義萬物並加以分類，這作法錯了。我們應該要定義「此物與類似物」，然後摸熟導出的觀念，儘管該物與類似物的界線可能很「模糊不清」。後來，在二十世紀末、二十一世紀初，這樣的思維為人工智慧與機器學習理論提供了基礎。這些理論假設人工智慧的潛力在於掃描大型資料集以認識類別和模式，例如把經常一起出現的單字放入同一組，或是把貓的照片裡常常會一起出現的特徵放入同一組，然後辨識出相似處、確認可能性，比對人工智慧已有的知識來理解真相。即使人工智慧永遠不會像人類思維一樣理解某些事情，但累積符合真相的模式，就能讓人工智慧有接近人類感知與理性，或超越人類感知與理性的表現。

在啟蒙運動的世界中，儘管意識到人類邏輯的缺陷，仍樂觀地看待人類的理性，而這其實一直是我們的世界。科學革命，尤其在二十世紀裡已經讓科技和哲學進化了，但啟蒙運動的核心前提還在，人類還相信只要持續靠理性思維，有個可被認識的世界就會一步一步地給挖出來。現在人類還是這樣想。經過三個世紀的發現與探索，人類如康德的預言依照思維結構來詮釋這個世界。但當人類的認知能力接近極限時，人願意徵召機器上場，也就是利用電腦來增強思維能力，以超越自身的能力限制。電腦在人類生活的物質領域上，增加了一個獨立的數位領域。我們愈來愈依賴數位擴增，我們也進入一個新紀元，人類原本是唯一能發現、認識自然現象並加以分類的物種。在新時代裡，人類的理性思維正在把原本的殊榮讓出來。

雖然理性時代的科技成就很顯著，但目前都還很零散，可以和傳統和解共生。創新的特點在於延伸過去的作法：影片是會動的照片、電話是隔空的對話、汽車是快速的馬車、引擎取代了馬，依然用「馬力」來衡量。同樣的，在軍中，坦克是先進的騎兵，戰機是先進的大砲、戰艦是移動的堡壘，航空母艦是會移動的飛機跑道。就連核子武器也還保留了武器的舊名，核武大國還是把核彈納入砲兵的行列，透露著各國過去的經驗和對戰爭的理解。

但我們已經走到了臨界點：我們不再認為創新是已知的延伸。當我們壓縮科技改變生活體驗的時間框架，數位化的革命和人工智慧的發展帶來全新的現象，不只是比過去更強大或更有效率而已。電腦愈來愈快、愈來愈小，已經可以嵌入手機、手錶、公用事業、電器產品、安全系統、交通工具和武器，甚至是人體裡。不同的數位系統之間現在可以即時通訊。諸如閱讀、研究、購物、交談、記錄、偵查、軍事規劃和指揮等工作，在上個世代還需要人工，現在都數位化了，由數據所驅動，而且在網路空間裡展開。

數位化影響人類組織的所有層面：透過電腦和手機，每個人擁有（或至少可存取）的資訊更甚以往。企業成了收集和聚合用戶數據的組織，如今這些企業比許多主權國家的權力和影響力更大。政府擔心會把網路空間割讓給對手，紛紛進入、探索或開始剝削這個領域，遵守少少的規則，施加更少限制。他們很快就把網路空間定為一個必須透過創新才能戰勝對手的領域。

很少人能徹底理解這場數位革命中到底發生了什麼，傳播速度和資訊氾濫都是部分原因。儘管數位化帶來驚人的成就，卻讓人類思想愈來愈沒有脈絡、概念愈來愈不明。數位原住民覺得沒必要，或至少不急著去發展概念來彌補集體記憶的限制。他們想知道什麼都可以問搜尋引擎，不管是很淺薄的事或很深奧的事都可以。搜尋引擎則使用人工智慧來回應，在這過程中，人類把思想委託給科技。但資訊並非不言自明，資訊需要脈絡。資訊要有用，或至少要有意義，就必須在文化和歷史的角度下來理解。

資訊有了脈絡就成了知識。知識會讓人產生信念，而成智慧。然而，網際網路上讓用戶被淹沒在數千則、甚至數百萬則其他用戶的意見下，讓他們無法獨自、持續地反思，形成信念。由於自處的時間消失了，韌性和強度也消失了；人類無法發展出信念，也無法忠於信念，尤其是在他們需要獨自走上新路的時候。只有信念，結合智慧，人類才能進入新境界，探索新視野。

數位世界對智慧沒有耐心；網路世界所重視的價值來自認同而非內省。這從本質上挑戰了啟蒙運動的命題：理性是意識最重要的元素。歷史上，距離、時間和語言限制了人類行為，數位世界消除這些限制，並表示連結本身就很有意義。

隨著網路資訊爆炸，我們必須拜託軟體程式來幫我們分類、精鍊資訊，根據模式加以評估，並引導我們去回答我們的問題。導入人工智慧——完成簡訊裡的句子、找出我們要去的商店、根據之前的行為「直覺式推薦」我們會喜歡的文章和娛樂節目等，看起來更入世，革命感沒那麼強。可是，過去我們的選擇都是由思維來塑造、安排和評估，隨著人工智慧被應用到生活更多方面上，人工智慧也在改變思維的傳統角色。

第三章
從圖靈到今日——以及以後

原本人類就對機器有些好奇：機器會思考嗎？機器有智力嗎？機器會有智力嗎？這些問題本來還不急著回答，但是當研究人員在一九四三年創造出第一台現代電腦，也就是電子、數位、可編寫程式的機器之後，這些問題就顯得急迫了。這些問題看來格外費解，因為智力的本質一直都沒有答案。數學家與解碼專家亞倫・圖靈（Alan Turing）在一九五〇年提出解決方案。他的文章標題相當謙和，他在〈計算機器與智力〉一文中建議完全擱置機器智力的問題。圖靈認為真正重要的不是機制，而是智力的展現。他解釋說，因為其他生物的內在生命仍不可知，所以我們衡量智力的唯一方法就是觀察外部行為。圖靈用這個觀點避開長達數世紀的哲學辯論，不去討論智力的本質。他所推出的「模仿遊戲」就是讓一台機器操作熟練到觀察者無法區別機器和人類的行為，屆時，這台機器就可以貼上「擁有智力」的標籤。

圖靈測試就出現了。

很多人望文生義，從字面解釋圖靈測試，想像著機器人符合條件的話就會和人一樣（如果真有其事的話）。實際應用上，在遊戲或競賽等定義明確、狀況設定清楚的活動中，圖靈測試可有效衡量「有智力的」機器表現如何。圖靈測試並不要求機器做到和人類完全無法區分的地步，而是要判斷機器的表現是不是像人。在這過程中，圖靈測試著重於表現，而非過程。GPT-3 這樣的產生器算人工智慧，倒不是因為 GPT-3 的模型細節符合什麼標準，而是因為他們寫出來的訊息很接近人類寫出來的訊息，以 GPT-3 來說，能通過測試是因為這模型經過訓練，運用大量線上資訊。

一九五六年，科學家約翰·麥卡錫（John McCarthy）進一步定義了人工智慧：若機器可執行「需要人類智力才能進行的工作」，即具備人工智慧。圖靈和麥卡錫對人工智慧的評估自此形成基準，將我們的焦點從智力的定義轉移到表現（看似有智的行為）的評估上，不再聚焦於人工智慧這個詞在更深奧的哲學、認知與神經科學層面。

過去的半個世紀以來，機器幾乎都無法呈現這種智力，這條死路好像已經走到底了。電腦在精確定義的程式基礎上運作數十年，但因為電腦既靜態且僵化，所以電腦分析也受到局限。傳統的程式可以組織大量資料，執行複雜的計算，可是卻無法辨識類似物品的圖片，或適應不準確的輸入項目。人類思想不精確又模糊，確實是人工智慧發展過程中難以排除的障礙。然而，過去的十年內，創新的運算方式已經創造出新的人工智慧，模稜兩可的程度可和人類相提並論。

人工智慧也不精確、恆動、隨機應變，並且能夠「學習」。人工智慧「學習」的方式就是先消化資料，然後從資料中觀察，得出結論。過去的系統需要精確地輸入和輸出項目，不精確的功能人工智慧就不需要。人工智慧在翻譯的時候，不會把每個字都替換掉，而是會找出模式和慣用語，因此翻出來的譯文也會一直變化，因為人工智慧會隨著環境變遷而進化，還能辨識出對人類很新奇的解決方案。在機器領域裡，這四種特質都具有革命性。

以阿爾法元在西洋棋世界的突破來說，以前的西洋棋程式要倚賴人類的專業，把人類的棋路編寫為程式。但阿爾法元的技巧是自己和自己對戰數百萬場後磨練出來的，軟體從對戰過程中自己發現了模式。

這些「學習」技巧的基石是演算法，而演算法就是一連串的步驟，把輸入項目（例如遊戲規則或棋子的走法）翻譯成可重複的輸出項目（例如獲勝）。經典演算法例如長除法等計算，必須精準、可預測，機器學習演算法則不用。經典演算法有許多步驟，分別產出精準的結果；機器學習演算法則一步一步改善不精準的結果。這些技巧目前進步飛快。

以航空來說，很快地，人工智慧就能成為各種飛行器的正駕駛或副駕駛了。在美國國防部高等研究計劃署（DARPA）的專案「阿爾法纏鬥」（Alpha Dogfight）中，人工智慧戰機飛行員在模擬戰鬥中的表現超越了人類飛行員。不管是要操縱噴射機參戰或操縱無人機送貨，人工智慧都會劇烈影響軍事與民用航空。

儘管我們現在看到的創新還只是開端，但這些變化已經微妙地改變了人類體驗的紋理。在接下來的數十年內，這趨勢只會愈來愈快。

驅動人工智慧轉型的科技概念很複雜也很重要，所以本章會特別解釋機器學習的演化、現況與應用，說明儘管機器學習強大到讓人害怕，但也有自身的限制。我們必須先簡介機器學習的架構、能力和限制，才能理解機器學習將帶來的社會、文化和政治變化。

人工智慧的演進

人類一直希望能有助手，能有個能夠像人類一樣把任務做好的機器。在希臘神話裡，工匠之神赫菲斯托斯鍛造了能執行人類任務的機器人，如青銅巨人塔洛斯會在克里特島的海岸巡邏，避免敵人入侵。法國的路易十四與十八世紀的普魯士腓特烈大帝對自動化機械都非常著迷，還親自監督原型的建造過程。然而，在現實中，就算是有了現代運算技術，要設計一部機器並讓這機器能執行有用的活動，也是難如登天。其中最難的就是要怎麼教、教什麼。

早期想要創造實用的人工智慧，就是把人類的專業編寫成集合了規則與事實的程式，輸入到電腦系統中。但這世界絕大部分的事情，都沒辦法抽象地組織或推導成簡單的規則，或是用符號來表示。有些領域，例如西洋棋、代數、企業流程自動化等，雖然有精確的規則，使人工智慧可以在這些領域內大有斬獲；但在其他領域，像是翻譯和影像辨識，本來就有些模糊曖昧的表達，人工智慧的發展於是就停滯了。

影像辨識的難處正說明了早期那些程式的缺點。就連小朋友都能輕鬆地識別圖像，但早期的人工智慧卻做不到。軟體工程師剛開始想把物品最明顯的特徵化為符號來呈現，例如要教人工智慧找出貓的圖片，開發人員就要先找出貓的特色：鬍鬚、尖耳朵、四條腿、身體，把理想中的貓該具備的特徵都抽象地表現出來。可是貓會動、會縮成一團、會跑、會伸展、會有不同的尺寸和顏色，不一定會把鬍鬚或耳朵都露出來。所以先靠特徵建立抽象模型，再拿來比對五花八門、形形色色的輸入資料，根本行不通。

只有在規則可以明確寫成程式的時候，這些形式主義和僵化系統才有機會成功，所以從一九八〇年代末期到一九九〇年代，這個領域進入「人工智慧寒冬」。每每要應用於更動態的任務時，人工智慧就很慘，結果都無法通過圖靈測試，也就是說，人工智慧的表現無法模仿人類。因為這些系統的應用很有限，所以研究開發經費就減少了，進度便慢下來了。

接下來，一九九〇年代看到了突破。人工智慧的核心就是要執行任務，就是要讓機器可以規劃和執行有效解法，來處理複雜的問題。研究人員發現，他們需要一種新的方法，讓機器自己學習。簡單來說，概念變得不一樣了，我們原本想要把人類提煉出的心得輸入到機器裡，現在變成委託機器自己去學習。

在一九九〇年代，一群叛逆的研究人員屏棄了早期的各種假設，把研究重點放在機器學習上。儘管機器學習可以追溯到一九五〇年代，但新的發展才能有務實的應用。在實踐過程中，效果最好的方法就是使用神經網絡，從大型資料集裡萃取出模式。以哲學的角度來說，人工智慧的先驅從早期啟蒙運動的作法（把世界簡化為機械規則），轉移成建構出接近真相的現況。他們發現，要從圖片裡辨識一隻貓，機器必須先從觀察不同環境脈絡裡的貓來「學會」貓的視覺表現。要做到機器學習，重要的是物品視覺呈現的各種方式，理想狀態不重要——以哲學角度來說，就是聽維根斯坦的話，而不是柏拉圖。現代機器學習的領域，也就是讓程式透過經驗學習，於焉誕生了。

現代人工智慧

接下來出現重大進展。二〇〇〇年代，在影像辨識的領域裡，工程師開發多種人工智慧，從許多圖片中學習；這些圖片有些包括某樣物品，有些沒有那樣物品。人工智慧從中理解那樣物品的輪廓，因而比以前的程式更能有效辨識影像。

用來識別海利黴素的人工智慧，便說明了機器學習有多麼關鍵。麻省理工學院的研究人員先設計出機器學習演算法來預測分子的抗菌性能，然後用超過二千種分子的資料集來訓練演算法，獲得傳統演算法與人類都達不到的成就。人工智慧發現化合物的屬性和抗菌能力間的關聯，人類不但搞不懂這關聯，更重要的是，這些屬性並不符合規則。機器學習演算法改善了以資料為基礎的模型，同時找出人類找不到的關聯。

如前所述，這樣的人工智慧不精準，因為不需要先定義好屬性與效果的關係，就能辨識出兩者的關聯。例如，人工智慧可以在一大堆可能的候選分子中，挑出比較有可能的分子。這項能力就是現代人工智慧的重要元素。現代人工智慧運用機器學習，根據真實世界的反饋來建立新模式或調整模式，可以獲得接近的結果；以前困住經典演算法的爭議，現代人工智慧都可以分析。機器學習演算法就和經典演算法一樣，由一系列精確的步驟所組成，可是這些步驟不會像經典演算法那樣直接產生特定的結果，而是去測量結果的品質，提供改善結果的方法，從中學習，而不是直接確定答案。

神經網路受到人腦結構的啟發（但因為人腦很複雜，所以神經網路並非完全模仿人腦結構），推動了這些進展。一九五八年，康乃爾航空實驗室的研究員法蘭克・羅森布拉特（Frank Rosenblatt）靈光一閃：科學家能不能開發出一種類似人腦的方式來將資訊編碼，將大腦中大約一千億個神經元還有千萬億（10^{15}）個神經突觸，全都連接在一起傳遞資訊？他決定試一試。他設計了一個人工神經網路，可以把節點（相當於神經元）與數值權重（相當於突觸）間的關係編碼，形成網路，使用節點結構與節點間的聯繫來編碼，指定的權重表示節點之間的連接強度。這數十年來，因為缺乏運算能力和複雜的演算法，所以除了最基本的神經網路之外，其他的網路發展都很緩慢。運算能力與演算法近來的發展讓人工智慧的開發人員不再受到局限。

以海利黴素的案例來說，神經網路捕捉到分子（輸入項目）和抑菌潛力（輸出項目）之間的關聯。發現海利黴素的人工智慧不必經過化學實驗，也不必測試藥物功能，就通過深度學習發現輸入項目和輸出項目之間的關聯。在神經網路中，比較接近輸入項目的神經網路層更能反應輸入項目的各種方面，而距離輸入項目較遠的層次往往會比較概約、廣泛，可預測出想要的輸出項目。

深度學習允許神經網路捕捉複雜的關係，如在訓練資料中反映出抑菌效果和分子結構（原子量、化學成分、化學鏈類型等）的關係。這張網能讓人工智慧捕捉複雜精緻的連結，包括人類無法發現的關聯。在訓練階段，人工智慧接收新資料，就會透過網路調整權重。於是，訓練時所用的資料量與資料品質便會影響網路的精準度。當神經網路接收到更多資料，包含更多層，數值權重即開始更精確地捕捉到關聯，現在的深度網路通常有十層。

但神經網路的訓練很需要資源。這個過程需要大量運算能力與複雜的演算法來分析和調整大量資料。多數人工智慧和人類不一樣，無法同時訓練和執行，而是要分為兩步驟：訓練和推理。在訓練的階段，人工智慧的品質測量與改良演算法會評估並修正模型，來獲得有品質的結果。以海利黴素來說，人工智慧就是在這個階段裡根據訓練用的資料，發現分子結構和抑菌效果的關係。然後在推論的階段，研究人員讓人工智慧用剛訓練好的模型來預測哪些抗生素會有強大的抗菌效果。因此，人工智慧不像人類那樣透過理性推理得到結論。人工智慧得到結論的方法是靠應用自己開發出來的模型。

不同的任務與不同的學習風格

搭配不同的任務，人工智慧的應用方式也不一樣，所以開發人員用來創造人工智慧的科技也不一樣。這是部署機器學習時最基礎的挑戰：不同的目標和功能需要不同的訓練技巧。不過，結合不同的機器學習法，尤其是應用神經網路，就出現不同的可能性，例如發現癌症的人工智慧。

在我們撰寫本章的時候，機器學習的三種形式：受監督式學習、不受監督式學習和增強式學習，都值得注意。

受監督式學習催生了發現海利徽素的人工智慧。總結來說，麻省理工學院的研究人員想要找出有潛力的新抗生素，在資料庫裡放入二千種分子來訓練模型，輸入項目是分子結構，輸出項目是抑菌效果。研究人員把分子結構展示給人工智慧看，每一種結構都標示抗菌力，然後讓人工智慧去評估新化合物的抗菌效果。

這種技巧稱為受監督式學習，因為人工智慧開發人員利用包含了輸入範例（即分子結構）的資料集，在這裡面，每一筆數據都單獨標示研究人員想要的輸出項目或結果（即抗菌力）。開發人員已經把受監督式學習的技巧應用於許多處，例如創造人工智慧來辨識影像。為了這項任務，人工智慧先拿已經標示好的圖像來訓練，學著把圖像和標籤，例如把貓的照片和「貓」的標籤，聯想在一起。人工智慧把圖片和標籤的關係編碼之後，就可以正確地辨識新圖片。因此，當開發人員有一個資料集，其中每個輸入項目都有期望的輸出項目，受監督式學習就能有效地創造出模型，根據新的輸入項目來預測輸出項目。

不過，當開發人員只有大量資料，沒有建立關係的時候，他們可以透過不受監督式學習來找出可能有用的見解。因為網際網路與資料數位化，比過去更容易取得資料，現在企業、政府和研究人員都被淹沒在資料中。行銷人員擁有更多顧客資訊、生物學家擁有更多 DNA 資料、銀行家有更多金融交易記錄。當行銷人員想要找出客戶群，或詐騙分析師想要在大量交易中找到不一致的資訊，不受監督式學習就可以讓人工智慧在不確定結果的資訊中找出異常模式。這時，訓練資料只有輸入項目，然後工程師會要求學習演算法根據相似性來設定權重，將資料分類。舉例來說，像網飛（Netflix）這樣的影音串流服務，就是利用演算法來找出哪些觀眾群有類似的觀影習慣，才好向他們推薦更多節目。但要優化、微調這樣的演算法會很複雜：因為多數人有好幾種興趣，會同時出現在很多組別裡。

經過不受監督式學習法訓練的人工智慧，可以找出人類或許會錯過的模式，因為這些模式很微妙、數據規模又龐大。因為這樣的人工智慧在訓練時沒有明定什麼結果才「適當」，所以可以產生讓人驚豔的創新見解，這其實和人類的自我教育沒什麼不同。而無論是人類自學或是人工智慧，都會產生稀奇古怪、荒謬無理的結果。

不管是受監督式學習法或不受監督式學習法，人工智慧都是運用資料來執行任務，以發現新趨勢、識別影像或做出預測。在資料分析之外，研究人員想要訓練人工智慧在多變的環境裡操作，第三種機器學習法就誕生了。

若用增強式學習，人工智慧就不是被動地識別資料間的關聯，而是在受控的環境裡具備「能動性」，觀察並記錄自己的行動會有什麼反應。通常這都是模擬的過程，把複雜的真實世界給簡化了。在生產線上準確地模擬機器人比較容易，在擁擠的城市街道上模擬就困難得多了。但即使是在模擬且簡化的環境裡，如西洋棋比賽，每一步都還是會引發一連串不同的機會與風險。因此，引導人工智慧在人造環境裡訓練自己，還不足以產生最佳表現。這訓練過程還需要回饋。

提供反饋和獎勵，可以讓人工智慧知道這個方法成功了。沒有人類可以有效勝任這個角色：人工智慧因為在數位處理器上運作，所以可以在數小時或數日之內就訓練自己幾百次、幾千次或幾十億次，人類提供的回饋相比之下根本不切實際。軟體工程師將這種回饋功能自動化，謹慎精確地說明這些功能要如何操作，以及這些功能的本質是要模擬現實。理想情況下，模擬器會提供擬真的環境，回饋功能則會讓人工智慧做出有效的決定。

阿爾法元的模擬器就很簡單粗暴：對戰。阿爾法元為了評估自己的表現，運用獎勵功能，根據每一步創造的機會來評分。增強式學習需要人類參與來創造人工智慧的訓練環境（儘管在訓練過程中不直接提供回饋）：人類要定義模擬情境和回饋功能，人工智慧會在這基礎上自我訓練。為產生有意義的結果，謹慎明確地定義模擬情境和回饋功能至關重要。

機器學習的力量

這些建材不多，卻蓋出了千變萬化的應用。在農業方面，人工智慧可以精確地管理農藥、檢測疾病、預測收成。在醫學領域，人工智慧可以發現新藥物、應用現有藥物、偵測或預測未來的疾病（在撰寫本章的此刻，人工智慧已經能識別微妙的放射指標，比人類醫生更早發現乳腺癌；或分析視網膜照片找出病變的現象，這是致盲的主因；還可以分析病史，預測糖尿病患者何時血糖過低；分析遺傳密碼，找出其他遺傳條件）。在金融方面，人工智慧開發大量流程：核准（或拒絕）貸款、收購、合併、破產聲明與其他交易。

人工智慧在其他領域的應用包括聽寫和翻譯，在某種程度上，這是最引人注目的用法。數千年來，人類始終無法清楚地跨文化、跨語言溝通。互相誤解和語言隔閡會導致誤會、阻礙貿易、煽動戰爭。巴別塔象徵人類的不完美，也懲罰了人類的傲慢，帶來痛苦。現在，人工智慧似乎正準備要為廣大族群提供強大的翻譯能力，讓更多人能更輕鬆地互相交流。

在一九九〇年代，研究人員試圖開發出以文法為基礎的語言翻譯程式。儘管在實驗室的環境裡可行，在真實世界裡卻沒有良好的結果。語言多變又微妙，無法簡化成簡單的文法。研究人員在二〇一五年開始應用深度神經網路來解決這問題後，一切都變了。忽然間，機器翻譯大躍進。光憑神經網路或機器學習的應用還不足有此成效，機器翻譯能進步是因為有許多創意的新應用。這些發展強調了一個重點：開發人員在機器學習的基石上可以繼續用精采的方式創新，沿途解鎖新的人工智慧。

要把一種語言翻譯成另一種語言，譯者必須抓到明確的模式：即文字的順序。標準的神經網路可以識別輸入項目和輸出項目之間的關聯模式，例如抗生素的化學屬性。可是這樣的神經網路在沒有調校的情況下，便無法掌握文字順序對文意的影響，畢竟每個字前後搭配不同的字詞或放在句中不同的位置，就會有不同的可能。舉例來說，如果有個句子的開頭是「我去遛……」，下一個字比較可能是「狗」而不是「貓」或「飛機」。要掌握字詞搭配與順序，研究人員必須設置出神經網路，讓輸入項目不只是待翻譯的文字，還是已翻譯的文字。這樣一來，人工智慧就可以根據輸入的語言和要輸出的語言來判斷文字順序，掌握文意。這種神經網路裡，最強的就是「轉換器」（transformers），因為不需要從左到右來處理語言。譬如谷歌的 BERT（以轉換器為基礎的雙向編碼器表示技術）就是經過設計，可以雙向轉換來加強搜尋。

此外，翻譯研究人員採用「平行語料庫」，這和傳統的監督式學習非常不同。運用平行語料庫，訓練時就不需要輸入項目直接對應輸出項目（像翻字典一樣）。若用傳統的方法，開發人員會用文本和已有的翻譯來訓練人工智慧，畢竟這些素材已經提供了語言之間對應和對照的基礎。可是這方法會大幅限制訓練可用的資料量和可用的文本類型：儘管政府文件和暢銷書常有譯本，但期刊、社群媒體發文、網站和其他非正式的寫作都不會有翻譯。

研究人員拿謹慎翻譯好的文本來限制人工智慧，而是選擇了一個主題後，提供不同語言的文章和各種文本，不費心仔細翻譯。這個訓練人工智慧來找出相符文字但不翻譯的過程就稱為平行語料庫技術。這個訓練方式比較不精確，但可用的資料量就大多了：開發人員可以納入新聞、書評、影評、遊記和不同語言的正式或非正式出版品。這種作法成功之後，監督式學習被廣泛應用，在訓練過程中使用高度相符的資訊或片斷的資訊。

當谷歌翻譯（Google Translate）開始運用平行語料庫所訓練出來的深度神經網絡，表現提升了六成，而且還不斷進步。大家比過去都更容易、更快速、花費更少就能接觸到非母語的語言，自動化翻譯的顯著進步可望改變商業、外交、媒體、學界和其他領域。

當然，翻譯文本和辨識影像的能力是一回事，產生或創造新文本、圖像和聲音又是另一回事。目前，我們所描述的人工智慧都擅長找解答：在棋局中獲勝、找出新藥、提供堪用的翻譯。但另一種產出型的神經網路則可以創造。首先，生成型神經網路使用文本或影像來進行訓練，然後產出新的文本或影像，它們雖然是合成的，卻很逼真。舉例來說，標準神經網路可以辨識人臉，但生成型網路可以創造一張很逼真的人臉照片。從概念來說，生成型神經網路和以前的人工智慧截然不同。

這種產生器的應用很驚人。如果成功應用於編寫程式或書寫，作者只要把大綱擬出來，產生器就可以自己把細節填進去。或者，廣告人員與製片人員只要給產生器幾張圖片或分鏡表，就可以讓人工智慧去產生合成式平面廣告或商業廣告影片。比較令人擔憂的是，產生器也可以用來創造深度偽造技術（deep fakes），可以捏造出別人沒說過的話、沒做過的事，幾乎無法和現實區別。產生器可以讓我們的資訊空間更豐富，但如果沒有經過審查，便可能會模糊了現實與幻想的界線。

要創造出生成型人工智慧，常見的訓練方法是讓兩個學習目標互補的網路互鬥。這樣的網路稱為生成型對抗網路（generative adversarial networks, GANs）。讓產生器網路去創造潛在的輸出項目，而鑑別器網路則負責避免生成器產出太爛的結果。要比喻的話，生成器負責腦力激盪，鑑別器負責評估腦力激盪的點子夠不夠務實、切題。

在訓練階段，生成器和鑑別器交替訓練，用鑑別器去提高生成器的水準，再用生成器去提高鑑別器的水準。

這種訓練技巧還是有缺陷，要訓練出GANs很辛苦，而且成效不彰；可是這種網路所產出的人工智慧都有不錯的成績。最常見的是，GANs所訓練出來的人工智慧在你寫電子郵件時，只要看你打了幾個字，它們就可以幫你把句子寫完；或是你在使用搜尋引擎的時候，當搜尋不完整，人工智慧還是會補上。更戲劇性的是，GANs可以用來開發人工智慧，把程式草稿的細節補滿。換句話說，很快地，軟體工程師只要勾勒出大綱，剩下的都可以讓人工智慧完成。

GPT-3是目前最值得關注的生成型人工智慧，可以產生接近人類水準的文本（見第一章）。GPT-3把翻譯語言的方法延伸為創造語言。只要輸入幾個字，就能經過「推斷」，產生句子，或只要有主題句，即可寫出一整個段落。像GPT-3這樣的產生器可以檢測文本裡文字順序的模式，加以預測，產出接下來會出現的元素。以GPT-3來說，人工智慧可以掌握文字、段落、代碼間的順序和文意，以輸出結果。

轉換器用網際網路上的大量資料來訓練，也可以把文字轉化成圖片，把圖片轉化成文字，可以長話短說，也可以短話長說，還能執行類似的任務。今天，GPT-3與其他人工智慧所輸出的品質可能讓人驚豔，但水準也差很大。有時候，輸出的結果看起來很厲害，有時候卻很蠢。不過，轉換器的基本功能還是有潛力可以改變許多領域，尤其是需要創意的領域。所以，研究人員和開發人員在探究轉換器的能耐、局限和應用時，轉換器很值得我們注意。

機器學習不僅擴大了人工智慧的應用性，就算是原本已經很成功的領域、符號和規則明確的領域裡，機器學習也為人工智慧帶來革命性的變化。原本人工智慧可以打敗人類棋王，但加上機器學習以後，人工智慧可以發現全新的策略。這項發現能力不僅限於遊戲和競賽。如前所述，深網（DeepMind）創造了人工智慧，成功地把Google數據中心的能源開銷降低了四十%，成效超越許多優秀的工程師。這類進展把人工智慧帶到圖靈都無法測試和衡量的境界，圖靈測試是要衡量人工智慧的表現和人類的表現能不能區分，但人工智慧的表現已經超越人類的表現，把人類的理解往前推。這些進步可望讓人工智慧來處理新任務，讓人工智慧更普及，甚至讓人工智慧產生原創的文本和程式。

當然，每次科技變得更厲害、更普及，新發展就會帶來新挑戰。多數人最常使用的線上功能「個人化搜尋」，就是個很好的例子。我們在第一章描述傳統網路搜尋與人工智慧網路搜尋的差別，一種會顯示出名牌服飾，另一種會顯示出可買的服飾。這種差異是因為搜尋引擎根據單獨的用戶客製了結果：一、搜尋引擎在收到你要查詢的字串之後，如「紐約的活動」，人工智慧會產生「在中央公園散步」和「百老匯看表演」等概念。二、人工智慧可以記得搜尋引擎以前被問過什麼、以前產生過什麼概念。此外，人工智慧還可以把這些概念存在記憶裡，漸漸地可以用記憶來產生更明確的概念，理論上，更明確的概念會對用戶更有幫助。線上串流服務也一樣，利用人工智慧來推薦「更多」影集和電影，其實是更聚焦、更積極、更接近大家想要的推薦項目。這會給用戶更多力量。人工智慧可以引導小孩，不要看大人才能看的節目，引導到適合他們年紀的節目。人工智慧可以讓我們迴避情節暴力、言語粗鄙或有針對性、攻擊性的節目。推薦方式取決於演算法分析用戶過去的行動後推導出用戶的偏好。人工智慧愈來愈了解人，就會有很積極正面的結果。串流服務的訂閱用戶，可以看到更多感興趣的影集和電影，而不會看到有針對性、攻擊性，或愈看愈迷糊的影片。

我們都很熟悉「過濾可以引導選擇」這個務實的命題。在物質世界裡，外國觀光客可以根據他們自己的宗教、國籍和職業，雇用導遊帶領他們參觀最古老或最有意義的景點。但過濾加上省略、遺漏就會變成審查。導遊會迴避貧民窟和犯罪率較高的區域。在集權國家，導遊可能成了「政府派來控制觀光客行蹤的貼身隨侍」，只給遊客看當地政府希望他們看到的畫面。可是在網路空間裡，過濾會自我強化。當客製搜尋結果與串流服務的演算法邏輯開始為用戶客製他們所看到的新聞、書籍和其他資訊來源，就會很務實地放大某些主題和來源，而完全忽略其他內容。這種無作為的事實會有雙重效果：會創造同溫層，也會激起異溫層的不和諧。一個人的見聞（人都會以為自己的見聞反映了真相）和第二個人的見聞不同，而第二個人的見聞和第三個人不同。我們會在第六章繼續討論這種矛盾。

人工智慧愈來會普及，就會帶來一些風險，如何加以管理是我們在發展人工智慧時必須並行的任務，也是我們寫這本書的原因。所有人都必須關注人工智慧潛在的風險。我們不能把發展與應用的重責大任交給任何人，不管是研究人員、企業、政府或公民社會組織都一樣。

人工智慧的局限及其管理

早期的人工智慧是人類萃取社會對真相的理解，然後寫成程式。現在的機器學習人工智慧會自己模擬現實。開發人員可能會檢視人工智慧所產生的結果，而人工智慧不會用人類的語言去「解釋」他們如何學習或學到了什麼。開發人員也不會請人工智慧描述它學到了什麼。就和人類一樣，人沒辦法真的知道自己學了什麼、為什麼要學習（儘管人類可能常常解釋或說明自己為什麼要學習，但我們寫書的此刻，人工智慧還不行）。頂多，我們可以觀察人工智慧在完成訓練後產生的結果。因此，人類必須逆推。人工智慧產生結果之後，人類研究員或審查員必須確認人工智慧是不是產出預期的結果。

有時候人工智慧的運作已經超過人類驚豔的範圍，無法形成概念也無法解釋，人工智慧可能會產生自己的見解，或許是真實的，但終究突破了人類（目前）的理解。當人工智慧以這種方式產生意料之外的發現，人類可能會和發現盤尼西林的亞歷山大．弗萊明（Alexander Fleming）一樣。盤尼西林在弗萊明的實驗室裡產生了青黴素，意外地在培養皿中繁殖，殺死了致病的細菌，讓弗萊明發現了過去不為人之的強效化合物。當時，人類沒有抗生素的概念，不知道盤尼西林的原理是什麼。這項發現開闢了一整個全新的領域。人工智慧產生類似的驚人見解，就像找出新的備選藥物和贏得棋賽的策略，讓人類預示了人工智慧的重要意義，如果人類謹慎一點，就可以把人工智慧的見解整合到現有的知識體系中。

此外，人工智慧不能對自己的發現進行反思。人類在很多時代裡都經歷過戰爭，得到經驗和教訓，經歷苦痛與各種極端情境後，人類會反省。荷馬史詩《伊里亞德》

中，敘述赫克特與阿基里斯在特洛伊城門下的對戰；畢卡索則在畫作〈格爾尼卡〉中，描繪於西班牙內戰中死傷慘重的平民。人工智慧辦不到，也沒有辦法感受到該去反省戰爭的道德或哲學壓力。人工智慧只能應用方法，產生結果，不管這個結果對人類來說是平庸或厲害、是好還是壞。人工智慧不會反省，人工智慧的行動有何意義要由人類決定。因此，人類一定要管制、監督這項科技。

人工智慧無法像人類一樣反省或理出概念，就很難應對眼前的挑戰。谷歌的圖像辨識軟體曾經把人標示為猩猩，把動物標示為槍枝，都被罵得很慘。這些錯誤對人來說很明顯，人工智慧卻看不出來。人工智慧不但無法反思，還會犯下甚至在人類眼中很基本的錯誤。開發人員不斷地在努力排除錯誤，可是通常都會在部署以後才來排除故障。

這種認定錯誤有幾種原因。資料庫的偏差是個問題。機器學習需要資料，沒有資料，人工智慧就沒有好模型可學習。如果不謹慎注意，那代表性不足夠的群組如少數族裔就可能會資料不足。臉部辨識系統通常在受訓的時候因為黑人的照片少得不成比例，結果辨識度就很差。資料量和資料涵蓋範圍都很重要，若拿大量相似的圖像來訓練人工智慧，神經網路的判讀結果就會錯得很篤定，因為以前沒見過其他圖像。其他高風險的情況下，也會有代表性不足的問題。例如自駕車在訓練時所用的資料集可能很少有特殊狀況，像是鹿忽然在馬路上跳過去，這樣一來，人工智慧就無法明確處理這種狀況。在這種狀況下，人工智慧必須有最好的水準。

或者，人工智慧的偏差直接來自人類的偏差，也就是說，人工智慧所用的訓練資料隱含了人類行為中固有的偏差。這可能發生在受監督式學習標示輸出項目時，不管標示的人員有心或無心地標錯了，人工智慧都會把這種錯誤寫成程式。或開發人員在增強式學習用錯了回饋功能，大家可以想像一下，人工智慧在模擬器下西洋棋，高估了對手偏好的走法。人工智慧就和創造者一樣，儘管這些走法的表現不好，但還是會學著偏好這些走法。

當然，科技有偏差的問題也不只出現在人工智慧上。自從新冠肺炎爆發為大型傳染病，心跳和血氧濃度便成為重要指標，脈搏血氧機也愈來愈重要。但膚色較深的人在使用血氧機的時候，血氧濃度會被高估。開發者假設淺色皮膚吸收光線的方式才「正常」，所以深色皮膚接收光線的方式就「異常」了。脈搏血氧機不是由人工智慧來運作，可是，還是忽略了特定的族群。若要運用人工智慧，我們就要理解人工智慧的錯誤，這不是為了要原諒人工智慧，而是要加以糾正。偏見困擾著人類社會的所有層面，而人類社會的每個層面，都需要嚴肅對待偏見。

標示錯誤的另一個原因就是僵化。拿動物被誤認為槍枝的例子來說，那幅圖片誤導人工智慧，因為裡面有些人類檢查不出來的微妙特徵，人工智慧看出來了，卻也被搞迷糊了。人工智慧不具備我們所說的常識，偶爾會把人類可以輕鬆辨識出來的物體合併在一起，而合併的內容（和方式）通常都出人意料——在我們撰寫本書的此刻，人工智慧的審查和制度都不夠完善。在真實世界裡，意外的失敗可能比預期中的失敗更有害，或至少更具挑戰性：社會無法消弭現在無法預測的危害。

人工智慧的脆弱反映出所學很淺薄。受監督式學習或增強式學習可以理出輸入項目和輸出項目的關聯，但這和人類真正的理解不同，因為概念和體驗的程度不同。人工智慧的脆弱也反映出人工智慧沒有自覺。人工智慧沒有感覺，不知道自己不知道什麼。因此，有些錯誤對人來說很明顯，人工智慧卻無法辨識、無法避免。人工智慧沒辦法把明顯的錯誤找出來，於是凸顯了開發測試的重要，讓人類可以確定人工智慧的極限，評估人工智慧想採取的行動，預測人工智慧可能在什麼時候失敗。

因此，開發出程序來評估人工智慧能不能按照預期去執行任務就很重要。機器學習在可預見的未來將驅動人工智慧，而人類還不知道人工智慧在學什麼，也不知道人工智慧怎麼知道自己學會了什麼。這可能讓人不安，但其實不必慌，人類學習的過程通常也是不透明的。藝術家和運動員、作家和技師、家長和孩子等，基本上可說是全人類，都是憑直覺行事，都沒辦法準確說出自己學會了什麼，又是怎麼學會的。為了這種不確定性，社會發展出多種專業認證課程、規範和法律。相似的技術也應該用於人工智慧上，例如，只有當人工智慧的創造者證明了測試流程的可靠程度，我們的社會才允許那種人工智慧。開發專業憑證、合規監控和監督程序，以及執行上述流程所需要的審查專業，都是很重要的社會專案。

使用前的測試該多嚴謹，在業界有一條光譜。應用程式開發人員通常會急著將程式上架，即時修改錯誤；而航空公司則相反，任何乘客登機之前一定要嚴格地測試噴射機。這兩種測試方法的差異來自許多不同的因素，追根究柢來說就是活動內含的風險。人工智慧部署地愈多，同樣的因素如內在風險、監督管理、市場力量等，就愈會分布在光譜上。負責駕駛車輛的人工智慧要受到較多監管，抖音等娛樂和聯絡的平臺所使用的人工智慧就不必受到那麼多監管。

對機器學習來說，學習和推理階段的劃分讓測試機制可以發揮作用。當人工智慧持續學習，在操作的時候也繼續學習，便可發展出預期之外的行為，或不想要的行為。像微軟的聊天機器人 Tay 在二〇一六年就出了包。Tay 在網路上遇到仇恨言論，開始模仿，逼得創造者只好關閉下架。不過多數人工智慧都是在不同於操作階段的情境下受訓：它們的學習模型，也就是神經網路的參數，在退出訓練的時候是靜態的。因為人工智慧在訓練結束後就不會進化了，人類可以評估人工智慧的能力，不擔心人工智慧在結束測試後發展出預期之外的行為，或不想要的行為。換句話說，演算法修好了以後，經過訓練，看到紅燈就會停的自駕車，不會忽然「決定」要闖紅燈。因為有這特性，所以才能全面測試和認證。對交通運輸來說，一個錯誤就會傷人性命，而工程師可以在安全環境中審查自駕人工智慧的行為，然後上傳到車上。當然，穩定性並不代表人工智慧到了新環境就不會有意外行為，穩定性只表示可以事前測試。審查資料集提供另一種控制品質的檢查方法：確定臉部辨識的人工智慧用多元資料訓練，或是聊天機器人在沒有仇恨言論的資料下訓練，開發人員就能減少人工智慧在運作時故障的風險。

此刻，人工智慧受到程式代碼限制的方法有三種：第一，代碼設定了人工智慧的參數，決定人工智慧可採取的行動。這些參數可能很廣泛，允許人工智慧有一定的自主性，因此也有風險。自駕車的人工智慧可以煞車、可以加速、可以轉彎，這都可能會造成碰撞。不過，這些代碼的參數也會限制人工智慧的行為。儘管阿爾法元開發出新的西洋棋策略，卻沒有違反西洋棋規則，也沒有悔棋。參數以外的行為超過人工智慧的詞彙範圍。如果軟體工程師沒有允許某些行動或軟體工程師明確禁止某些行動，人工智慧就不會有那種行動。第二，人工智慧受到目標功能的約束，而這功能明確訂定了人工智慧要優化的項目。以發現海利黴素的模型來說，目標功能是找出分子化學性質與抗菌潛力間的關係。人工智慧受到目標功能的限制，不會去找出能治療癌症的分子。最後也是最明顯的一點，人工智慧經過設計，只能處理它要辨識和分析的輸入項目。如果人類沒有透過輔助程式干預，具備翻譯功能的人工智慧也不會評估圖像，畢竟輸入照片對翻譯機來說毫無意義。

或許將來有一天，人工智慧可以自己寫程式。目前，這種人工設計的開發還很初期，而且很投機。即便如此，人工智慧也不可能自我反省，人工智慧的目標功能會定義人工智慧，他們或許可以像阿爾法元下棋一樣，用這種方式寫程式：出色卓越，但沒有意志，不懂得反思，嚴格遵守規則。

人工智慧將前往何處？

機器學習演算法的進步，加上資料和運算能力不斷增強，讓人工智慧的應用得以快速發展，激發人們的想像力，吸引大量投資。人工智慧（尤其是機器學習）的研究、開發與商業化，在全世界呈爆炸性發展，但主要集中於美國和中國。兩國的大學、實驗室、新創企業和財團都走在開發與應用的最前線，也看到了愈來愈多、愈來愈複雜的問題。

雖是這麼說，人工智慧和機器學習的許多方面都還需要開發和理解。由機器學習驅動的人工智慧需要大量的訓練資料，而訓練資料需要大量的運算基礎設施，所以要維持人工智慧變得很昂貴，儘管大家都想要維持也不容易。資料和運算需求限制了更先進的人工智慧發展，所以開發出不需要那麼多資料與運算能力的訓練方式就很重要了。

此外，儘管機器學習有長足的進展，複雜的活動綜合了不同的任務，對人工智慧來說還是很難。舉例來說，開車就難死了，駕駛車輛所需要的功能包括視覺感知、方向導航、主動避免意外，這些任務都還要同時執行。雖然在過去的十年內，駕駛技術已經有大幅進步，但是要達到人類的水準，駕駛情境還是很不同。目前，人工智慧可以在建構好的情境下，達到很好的表現，例如車輛種類很有限的高速公路、行人和單車很少的郊區街道。若要在尖峰時間到市區，像這麼混亂的環境，對人工智慧而言是很大的挑戰。高速公路駕駛比較特別，因為人類常在這種環境下感覺無聊或分心，所以在不久的將來，若要長途旅行，人工智慧還比人類安全。

人工智慧發展的速度很難預測。一九六五年，工程師高登・摩爾（Gordon Moore）預測運算能力會每兩年翻一倍，事實證明摩爾定律禁得起時間考驗。人工智慧的發展就沒那麼好預測了。翻譯用的人工智慧停滯了好幾十年，然後融合科技與運算能力，後來以極快的速度發展，在短短幾年內，人類開發出接近雙語翻譯能力的人工智慧。人工智慧需要多長的時間，翻譯水準才能和有才華的專業譯者相當？真能辦到嗎？我們還無法精確地預測。

要預測人工智慧能不能迅速地運用在其他領域裡也很難，但我們可以預期這些系統的能力會持續加強。不管進步需要花五年、十年或二十五年，早晚都會發生。現有的人工智慧應用程式會變得更輕巧、更有效、更平價，而且更頻繁地被使用。人工智慧在我們所見之處與不見之處，都將漸漸成為日常生活的一部分。

我們可以合理預期，隨著時間推移，人工智慧的發展速度會和運算能力的發展速度一樣快，在十五至二十年內成長一百萬倍。這樣的進展讓我們可以大規模創造出和人腦一樣的神經網路。在我們撰寫本文的此刻，生成式轉換器擁有最大的網路。GPT-3 的權重參數達 1011 個，但近期由國家資助的北京科學院（Beijing Academy of Sciences）宣布開發出權重參數比 GPT-3 多十倍的語言模型。然而，還是比人腦裡的神經突觸少了 104 倍。如果以每兩年成長一倍的速度來計算，這個差距可以在十年內縮小。當然，規模不能直接換算成智力。事實上，我們不知道一個網路的能力水準。有些靈長類動物的大腦和人類的差不多大，甚至比人類更大，也沒有發展出接近人類的智力。未來很可能開發出人工智慧「專家」，也就是在尖端科學領域能大幅超越人類表現的程式。

通用人工智慧的夢想

有些開發人員在推動機器學習技術前進，以開創所謂的通用人工智慧（artificial general intelligence, AGI）。通用人工智慧和人工智慧一樣，沒有精確的定義，通常指這種人工智慧能夠完成需要人類智力的任務，而今日「狹義」的人工智慧是開發來完成特定任務的。

和人工智慧相比，機器學習對通用人工智慧（AGI）更重要，儘管實際的限制可能會把專業知識的範圍限制在幾個分散的領域裡，就像最頂尖的人類都有專精的學科。要發展通用人工智慧，有一條可行的道路，即是在幾個領域內培養傳統的人工智慧，然後有效地把他們的專業基礎整合為一個人工智慧。這樣的通用人工智慧或許更全面、更能夠執行多種活動，沒那麼脆弱，也比較不容易在專業領域範圍的邊緣犯錯。

真正的通用人工智慧是否可能存在，又會具備哪些特徵，科學家和哲學家沒有共識。如果通用智慧有可能存在，它會擁有普通人類的智力，還是各領域天才的智力？無論如何，即使通用人工智慧能夠結合傳統的人工智慧，進行狹義且深入的訓練，並漸漸聚集起來發展更廣泛的專業知識基礎，對資金最雄厚與最成熟的研究人員也勢必會是一大挑戰。要開發這樣的人工智慧需要大量的運算能力，而且貴得離譜，以目前的科技來說，成本至少要幾十億美元，沒有幾個人能造得起。

無論如何，通用人工智慧的誕生還是會改變機器學習演算法的軌跡，影響人類。不管是人工智慧或是通用人工智慧，人類開發者還是會在創造和操作的過程中扮演重要的角色。機器學習演算法、訓練資料和目標都是由開發人員和訓練人員決定的，所以會反映出他們的價值觀、動機、目標和判斷。即使機器學習的技術變得更為複雜，這些局限依然存在。

不管人工智慧的範圍會縮小或更廣泛，都會愈來愈普及、愈來愈強大。開發和布建的成本降低了，由人工智慧所操作的自動化設備就會很好入手。事實上，這些設備已經透過Alexa, Siri和Google助理實現了。車輛、工具和電器也會逐漸搭配人工智慧，在我們的指導和監督下開始將各種活動自動化。人工智慧會被嵌入數位裝置和網路應用程式裡，引導消費者體驗，為企業帶來變革。我們所認識的世界會更加自動化，人類和機器會有更多互動，但不會是充斥著科幻電影裡的多用途機器人。最驚人的發展就是人工智慧替人類救命，例如自駕車可以減少車禍傷亡；其他人工智慧能更早且更精準地判斷疾病；還有些人工智慧會用更低廉的研發成本發現新藥與投藥方式，而我們都希望能開發出頑固疾病與罕見疾病的治療方法。人工智慧飛行員將成為無人機或戰鬥機的正駕駛或副駕駛；人工智慧工程師在人類工程師寫出草稿之後就可以完成程式；人工智慧作家會在行銷人員提出廣告構想便完成文案。運輸和物流的效率可望大幅提高，人工智慧還可以減少能源消耗，找到其他方法來減緩人類對環境的影響。不管在和平或戰爭時期，人工智慧的實質影響都會很驚人。

社會影響就很難預料了。拿翻譯來說，如果全世界的文字和對話都能翻譯，溝通會更容易，前所未見。這種翻譯會促進貿易，跨文化的交流也會達到無法比擬的程度，可是這種新能力也會帶來新挑戰。就像社群媒體不但讓人可以交流意見，也會讓社會分化為兩極、傳播錯誤資訊、散播仇恨言論，自動翻譯也會為語言和文化帶來爆炸性的影響。好幾個世紀以來，外交官員一直都小心翼翼地處理跨文化接觸，避免不小心冒犯對方，猶如語言訓練程度愈高的人，文化敏感度愈高一樣。即時翻譯讓這些緩衝都消失了，不同的社會可能在不經意之間冒犯對方或被冒犯。依賴自動翻譯的人會不會比較不願意花力氣去理解其他國家與文化，更依賴自己的國情和文化來看待這個世界呢？還是大家會對其他文化更感興趣？自動翻譯會不會反映出不同的文化歷史和情感？這些問題可能都沒有單一的答案。

最先進的人工智慧需要大量資料、龐大的運算能力和熟練的技術人員，不意外地，能獲得這等資源的企業或官方組織都在推動這個新領域內的創新。對領導人來說，愈來愈多資源會到位。

因此，專注和進步的循環定義了人工智慧，形塑個人、企業與國家的體驗。在通訊、商業、安全與個人意識等眾多領域裡，人工智慧都會改變我們的生活和我們的未來。我們必須確保人工智慧不是在隔離環境裡創造出來的，而且我們還要關注人工智慧潛在的益處與風險。

第四章
全球的網路平臺

很多虛構作品都寫到人工智慧的未來，這些作品往往會描述流線型的車輛可以完全自動駕駛、還有感知能力的機器人在居家或工作場所內和人類共存，用離譜的高智商和用戶對話。受到這些科幻作品的影響與啟發，在大眾對於人工智慧的想像裡，通常機器都似乎有自覺，不免讓他們會產生誤解、拒絕服從，或最後挺身反抗創造出這些機器的人類。這些科幻作品都透露出一股焦慮感，但這其實是錯的，因為這些作者以為人工智慧的巔峰會像人一樣。如果我們能認知到人工智慧早就已經在我們身邊了——而且還是用大家看不到的方式，然後把科技焦慮感轉為使人工智慧以更透明的方式融入我們的生活，並鼓勵大眾理解，這樣會對我們更好。

社群媒體、網路搜尋、串流影音、導航系統、共乘等數不完的線上服務，少了人工智慧就根本無法運作，而人工智慧在這些服務裡的應用愈來愈廣泛、愈來愈大量。我們每天在日常生活的基本活動裡，都有用到這些網路服務，例如產品與服務的建議、選擇路線、建立社交聯繫、找答案和評論等，全世界的人都在參與這個既平凡又劃時代的過程。我們依賴人工智慧來協助我們完成日常任務，卻又不見得能準確理解人工智慧為什麼這麼做、如何這麼做。我們都在建立新的關係——人工智慧與人的關係、用戶之間的關係、這些服務的創造者或操作者與政府的關係等，而這些對於個人、機構與國家都影響重大。

沒有正式宣傳，甚至在不知不覺間，我們就已經在人類活動的基本紋理中整合了非人智慧。這個趨勢發展得很快，而且和一種我們稱為「網路平臺」的實體結合在一起：這種數位服務為用戶提供價值的方法就是把全球跨國的大量用戶聚集在一起。大部分的產品和服務對每個用戶的價值都不同，或甚至會因為其他用戶的出現而貶價，但網路平臺的價值和吸引力隨著愈多用戶採用會愈高，經濟學家稱之為正向的網路效應。愈來愈多用戶被吸引來選擇平臺，聚眾之後，只有少數服務提供商能勝出，各自擁有可能多達數億或數十億的大量用戶。這些網路平臺愈來愈依賴人工智慧，讓人類和人工智慧交會，這種大規模的互動足以影響人類文明。

網路平臺愈來愈多元，人工智慧的角色愈來愈吃重，這些平臺所呈現的基礎內容就是新聞頭條的素材或造成地緣政治的角力，構成庶民的日常生活。如果沒有在符合社會價值的情況下多加解釋、討論或監督，形成某程度上的社會與政治共識，那麼一股全新、看似中立且不可阻擋的力量就可以掀起叛變和反抗，正如十九世紀浪漫主義的興起與二十世紀激進意識型態的爆發。在出現重大破壞之前，政府、網路平臺營運商和用戶都要想清楚自己的目標、互動的前提、互動的參數，還有他們想要創造的世界是什麼類型。

發展至今還不超過一世代，最成功的網路平臺所聚集的人口已經比大多數國家或甚至大陸還要多。然而，這些流行的網路平臺或許聚集了大量人口，可是這些人卻分處世界各地，比政治地理的邊界更分散，而且營運網路平臺的利益團體也和治國的政黨不同。網路平臺的營運商不見得會考慮到國務或國家策略，尤其是在國家戰略不符合客戶服務的時候。這樣的網路平臺可能會比大多數國家都更能刺激或推動經濟與社會交流，可是政府會制定經濟與社會政策，平臺不會。因此，儘管網路平臺是由商業實體來營運，有些網路平臺因為規模、功能與影響力龐大複雜，已經在地緣政治中開始扮演很重要的角色。

許多最重要的網路平臺都源於美國（谷歌、臉書、優步）或中國（百度、微信、滴滴出行）。因此，這些網路平臺想要打造用戶群與商業夥伴關係的區域就包含了對華府和北京來說商業與戰略意義都很重要的市場，此勢為外交政策的計算添進了新的因素。網路平臺之間的商業競爭，可能會影響政府之間的地緣政治競爭，有時候甚至會成為外交議程上最要緊的大事。網路平臺營運商以顧客優先的企業文化與策略，又讓這個競爭態勢更複雜，而且網路平臺還經常是遠離國家首都的研發與科技中樞。

在這些平臺營運的國家裡，有些網路平臺已經成為個人生活、國家政治議題、商業、企業組織或甚至是政府職能無法割捨的一部分；包括一些最近才出現的服務，現在似乎也都顯得不可或缺。這在過去從來沒有先例，許多規則都是在數位時代之前就訂好的，和我們的期望不同，而數位平臺處於兩者之間，關係很模糊。

網路平臺的社群標準由不同的營運商自訂（通常在人工智慧的協助下執行），規定哪些內容可以創造和分享，這就清楚說明了現代數位網路空間和傳統規範與期待之間有多麼不協調。雖然原則上，多數網路平臺都和內容無關，在某些情況下，社群標準變得和國家法律一樣有影響力。網路平臺和人工智慧所允許或支持的內容，可能會在短時間內獲得關注；被網路平臺和人工智慧刪減或完全禁止的內容，則無人問津。若被確定有假消息或違反其他內容標準，那則資訊便可以有效地被停止公開流傳。

這類問題之所以迅速出現，一部分是因為網路平臺（和他們的人工智慧）在數位世界裡迅速擴張，而數位世界裡沒有地理疆界。這些平臺讓大量用戶可以跨越時空，連結在一起，即時取得各種資料，過去人類的發明幾乎無法比擬。更難的是，一旦人工智慧接受訓練，通常比人類認知的速度更快，這些現象本身並不積極也不消極，人類想解決的問題、我們想滿足的需求和我們為了實現目標所創造的科技，共同創造這個現實狀況。我們正在體驗和推動這股值得大家關注的變化，會改變思想、文化、政治與商業，而且變化範圍大過任何人的心智、產品或服務。

數位世界在數十年前開始擴張的時候，沒有人想過要叫創造者發展出哲學架構或定義數位世界與國家利益、全球利益間的基礎關係。畢竟，其他的產業也沒有。社會和政府是用過去有效的方式來衡量數位產品與服務。工程師在尋找務實、高效的解決方法，試圖將用戶和資訊、線上社交空間，將乘客和車輛、駕駛，以及將消費者和產品連在一起。新功能和新機會總是會讓人期待、雀躍。幾乎沒有人需要預測這些虛擬解決方案會如何影響整個社會的價值觀和行為，例如車輛使用模式、塞車、共享或國家機器與社群媒體在現實世界中的政治與地緣政治結盟。

結合人工智慧的網路平臺是近年來的產物，發展至今不到十年，我們甚至還沒有建立基本的詞彙和觀念來充分探討這項科技，本書試圖彌補這處空白。最終，個人、企業、政黨、市民團體、政府機構對於人工智慧網路平臺的營運和管制會有不同的看法。軟體工程師認為很直覺的作法可能會讓政治領導人感到困惑、讓哲學家費解。有些功能，消費者覺得很方便，但國家安全官員可能會當成是無法接受的威脅，政治領導人可能會因為國家目標而禁止那些功能。一個社會願意歡迎、擁抱的東西，在另一個社會可能被解釋為犧牲選擇或自由。

網路平臺的本質和規模，是要把不同世界的觀點與優先要務以複雜的方式結合在一起，有時還會造成緊繃或讓雙邊都很困惑。為了讓個人、國家和國際成員能在資訊充分的情況下，針對他們與人工智慧的關係以及他們彼此之間的關係達成結論，我們一定要找出共同的參考框架，讓多方都能在資訊充分的條件下討論政策。就算我們的理解不同，我們也必須評估人工智慧網路平臺對個人、企業、社會、國家、政府和區域的影響，以了解人工智慧網路平臺。我們必須在每個層面上都趕快行動。

了解網路平臺

網路平臺本來就是大規模現象。要成為網路平臺，其中一個特色就是：網路平臺服務愈多人，對用戶就愈有用，用戶也會愈想用。若網路平臺想要大規模地提供服務，人工智慧的重要性便與日俱增，因此，現在幾乎每個網際網路上的用戶每天都會遇到人工智慧，或至少接觸到人工智慧所形塑的網路內容。

例如，臉書（和其他社群網路一樣）已經開發出愈來愈具體明確的社群標準，來刪除有爭議的內容和帳號，在二〇二〇年底，臉書禁止的內容類型就有幾十種。每個月在臉書上的活躍用戶有數十億人，每日瀏覽量數十億，任何人類管理員都沒辦法有效監控此等規模的內容。雖然根據報導，臉書雇用數萬人來進行內容修正，也就是在用戶看到之前就移除讓人反感的內容，但是這規模實在是大到沒有人工智慧就無法完成。臉書和其他企業的監控需求推動大量研發，透過愈來愈複雜的機器學習、自然語言處理和電腦視覺技術盡量自動分析文字和圖像。

對臉書來說，每季刪除十億個假帳號和垃圾文，還有好幾千則有裸露、性行為、霸凌、騷擾、剝削、仇恨言論、毒品或暴力的文章。為了準確地清除這些內容，經常需要人類的判斷。因此，臉書的人類操作員和用戶會依賴人工智慧來判斷哪些內容可看、哪些內容需要評估。少數被刪除的文章或評論會被用戶上訴，而且些都是被機器自動刪除的。

同樣地，人工智慧在谷歌的搜尋引擎裡也扮演了很重要的角色，但這個角色最近才出現，而且正在快速進化。原本，谷歌的搜尋引擎依賴人類開發出來的極複雜演算法來引導用戶獲得組織過、排序過的訊息，這些演算法等於是處理用戶潛在需求的規則。如果查詢結果沒有用，人類開發人員可以加以調整。在二〇一五年，谷歌的搜尋團隊放棄原本人類開發出來的演算法，採用機器學習。這個變化創造了分水嶺：人工智慧大幅提高搜尋引擎的品質和用途，更能預測問題、組織準確的結果。儘管谷歌的搜尋引擎有顯著的進步，但開發者卻不是很理解為什麼搜尋之後會有特定的結果。人類依然可以引導和調整搜尋引擎，但無法直接解釋為什麼有些網頁的排名比其他網頁高。為了更便利、更準確，人類開發者不得不放棄直接理解的方法。

從這些例子可以看到，領先的網路平臺愈來愈依賴人工智慧來提供服務，滿足顧客的期望與政府的要求。人工智慧對網路平臺的功能愈來愈重要，也逐漸使用不引人注目的方式形塑現實，加以分類。實際上，人工智慧已是國家和國際舞臺上的要角了。

每個主要的網路平臺（與各自的人工智慧）都會產生潛在的社會、經濟、政治和地緣政治影響，而且這些影響力會因為正向的網路效應而顯著增加。資訊交流的過程會產生正向的網路效應，且價值會隨著參與者的數量變多而增加。當價值用這種方式成長的時候，成功會帶來另一種成功，最後更有可能獲得主導地位成為霸主。大家自然地用現在的方式群聚，於是聚集更多用戶。對不受邊界限制的網路平臺來說，這種力勢會讓他們吃下更遼闊的地理範圍。

正向的網路效應在網路平臺之前就有了。早在數位科技崛起之前，就有正向的網路效應，只是案例非常少。對傳統的產品或服務來說，用戶數量增加往往會減少產品或服務的價值，不會增加。通常當用戶數量增加，就會造成匱乏稀缺（這種產品或服務賣完了，或需求高漲）、延誤（因為產品或服務無法同時送給每個想要的消費者）或變得不稀罕，失去原本的價值（奢侈品如果大家都買得到就沒人要了）。

最經典的案例裡，正向的網路服務通常來自市場，不管是貨品市場或股市。從十七世紀初開始，想買賣東印度公司的股票和債券的交易商集合在阿姆斯特丹，股票交易所讓買家和賣家可以對證券的估值達成共識，進行交易。愈多買家和賣家積極參與，交易所對每個參與的人來說就愈有用、愈有價值。參與者愈多，就表示愈可能成交，而且估值愈「準確」，因為交易就是多場買家和賣家談判的結論。只要股票交易所在市場裡聚集了一定數量的用戶，便會變成新買家和新賣家的第一站，其他交易所要提供同樣的服務，就沒機會也沒誘因了。

傳統電話剛開發出來的時候，電信網路也有強烈的正向網路效應。因為電話服務需要實體的纜線來連結，才能通話，所以大量用戶聚集在同一個網路裡，每個用戶能網內互打的對象也愈多，因此大型網路對單一用戶的價值就愈高。所以在電信業早期，大型服務供應商都能強健成長。在美國，美國電話電報公司（AT&T，前身是貝爾電話）率先遍地開花，再連向幾個在鄉間提供電信服務的小公司。到了一九八〇年代，科技進展讓電信服務業者可以更輕易地互相連接，所以新服務商的用戶也可以無縫撥打國內電話給不同電信商的客戶。這些進展讓AT&T逐漸萎縮，因為用戶發現不必一家獨大，也能擁有通話便利的價值。隨著科技持續演變，用戶不管選哪個電信商，都能擁有同樣的價值，正向網路效應便衰減了。

正向網路效應的力度不會在國界或區域的邊界停下來，網路平臺通常又能跨越這些地形限制。實體距離、國籍不同、語言隔閡都不是擴張的阻礙了：只要連上網，不管天涯海角都能進入數位世界，網路平臺的服務通常有好幾種語言。擴張最主要的限制來自政府，或技術不相容（通常政府會鼓勵自己的國家去發展不相容的技術）。因此，對每一種服務來說，如社群媒體和影音串流，通常全球網路平臺的數量不多，會輔以當地的網路平臺。用戶都會催生出一種大家認識不多的新現象：非人智慧以全球規模運作，不過每個用戶也能從中受惠。

社群、日常生活與網路平臺

數位世界已經改變了我們日常生活的體驗，一個人從早到晚都會接受到大量數據，受益於大量數據，也貢獻大量數據。這些數據龐大的程度，和消化資訊的方式已經太過繁多，人類心智根本無法處理。所以人會本能地或潛意識地倚賴軟體來處理、組織、篩選出必要或有用的資訊，也就是根據用戶過去的偏好或目前的流行，來挑選要瀏覽的新項目、要看的電影、要播放的音樂。自動策劃的體驗很輕鬆容易，又能讓人滿足，人們只會在沒有自動化服務，例如閱讀別人臉書塗鴉牆上的貼文，或是用別人的網飛帳號看電影時，才會注意到這服務的存在。

有人工智慧協助的網路平臺加速整合，並加深了個人與數位科技間的連結。人工智慧經過設計和訓練，能直覺地解決人類的問題、掌握人類的目標，原本只有人類心智才能管理的各種選擇，現在能由網路平臺來引導、詮釋和記錄（儘管效率比較差）。網路平臺收集資訊和體驗來完成這些任務，任何一個人的大腦在壽命期限內都不可能容納如此大量的資訊和體驗，所以網路平臺能產出看起來非常恰當的答案和建議。例如，採購員不管再怎麼投入工作，在挑選冬季長靴的時候，也不可能從全國成千上萬的類似商品、近期天氣預測、季節因素、回顧過去的搜尋記錄、調查物流模式之後，才決定最佳的採購項目。但人工智慧可以完整評估上述所有因素。

因此，由人工智慧驅動的網路平臺經常和我們每個人互動，但我們在歷史上從未和其他產品、服務或機器這樣互動過。當我們個人在和人工智慧互動的時候，人工智慧會適應個人用戶的偏好（網際網路瀏覽記錄、搜尋記錄、旅遊史、收入水準、社交連結），開始形成一種隱形的夥伴關係。個人用戶逐漸依賴這樣的平臺來完成一串功能，但這些功能過去可能由郵政、百貨公司，或是接待禮賓、懺悔自白的人和朋友，或是企業、政府或其他人類一起來完成。

個人、網路平臺和平臺用戶之間的關係，是一種親密關係與遠距聯繫的新穎組合。人工智慧網路平臺審查大量的用戶數據，其中大部分是個人數據（如位置、聯絡資訊、朋友圈、同事圈、金融與健康資訊）。網路會把人工智慧當成嚮導，或讓人工智慧來安排個人化體驗。人工智慧如此精準、正確，是因為人工智慧有能力可以根據數億段類似的關係，以及上兆次空間（用戶群的地理範圍）與時間（集合了過去的使用）的互動來回顧和反應。網路平臺用戶與人工智慧形成了緊密的互動，並互相學習。

網路平臺的人工智慧使用邏輯，在很多方面對人類來說都難以理解。例如，運用人工智慧的網路平臺在評估圖片、貼文或搜尋時，人類可能無法明確地理解人工智慧會在特定情境下如何運作。谷歌的工程師知道他們的搜尋功能若有人工智慧，就會有清楚的搜尋結果；若沒有人工智慧，搜尋結果就不會那麼清楚，但工程師沒辦法解釋為什麼某些結果的排序比較高。要評鑑人工智慧的優劣，看的是結果實用不實用，不是看過程。這代表我們的輕重緩急已經和早期不一樣了，以前每個機械的步驟或思考的過程都會由人類來體驗（想法、對話、管理流程），或讓人類可以暫停、檢查、重複。

例如，在許多工業化地區，旅行的過程已經不需要「找方向」了。以前這過程需要人力，要先打電話給我們要拜訪的對象，查看紙本地圖，然後常常在加油站或便利商店停下來，確認我們的方向對不對。現在，透過手機應用程式，旅行的過程可以更有效率。這些應用程式不但可以根據他們「所知」的交通記錄來評估可能的路線與每條路線所花費的時間，還可以考量到當天的交通事故、可能造成延誤的特殊狀況（駕駛過程中的延誤）和其他跡象（其他用戶的搜尋），來避免和別人走同一條路。

從看地圖到線上導航，這轉變如此方便，很少人會停下來想想這種變化有多大的革命性意義，又會帶來什麼後果。個人用戶、社會與網路平臺和營運商建立了新關係，並信任網路平臺與演算法可以產生準確的結果，獲得了便利，成為數據集的一部分，而這數據集又在持續進化（至少會在大家使用應用程式的時候追蹤個人的位置）。在某種意義上，使用這種服務的人並不是獨自駕駛，而是系統的一部分。在系統內，人類和機器智慧一起協作，引導一群人透過各自的路線聚集在一起。

持續陪伴型的人工智慧會愈來愈普及。醫療保健、物流、零售、金融、通訊、媒體、運輸和娛樂等產業持續發展，我們的日常生活體驗透過網路平臺一直在變化。

當用戶找人工智慧網路平臺來協助他們完成任務的時候，因為網路平臺可以收集、提煉資訊，所以用戶得到了益處，上個世代完全沒有這種經驗。這種平臺追求新穎模式的規模、力量、功能，讓個人用戶獲得前所未有的便利和能力。同時，這些用戶進入一種前所未有的人機對話中。運用人工智慧的網路平臺有能力可以用我們無法清楚理解，甚至無法明確定義或表示的方式來形塑人類的活動，這裡有一個很重要的問題：這種人工智慧的目標功能是什麼？由誰設計？在哪些監管參數範圍裡？

類似問題的答案會繼續塑造未來的生活與未來的社會：誰在操作？誰在定義這些流程的限制？這些人對於社會規範和制度會有什麼影響？有人可以存取人工智慧的感知嗎？有的話，這人是誰？如果沒有人類可以完全理解或查看數據，或檢視每個步驟，也就是說假設人類的角色只負責設計、監控和設定人工智慧的參數，那麼對人工智慧的限制應該要讓我們放心？還是讓我們不安？還是既放心又不安？

企業和國家

設計師在發明有人工智慧的網路平臺時，沒有把目標明確訂出來；其實這很偶然，因為企業、工程師或用戶想要解決問題，功能就出現了。網路平臺的營運商開發出科技來滿足特定的人類需求：他們連結買家和賣家、問題和提供資訊的人，也把興趣相同或目標一致的人圈在一起。他們布建人工智慧的目的，是要改善或逐步實現他們的服務，擴大他們的能力來滿足用戶（有時是政府）的企望。

網路平臺不斷成長和演變，有些已經在不經意間影響了社會活動和不同的社會層面，遠超過原本關注的範圍。如前所述，大眾開始相信人工智慧網路平臺所提供的資訊，然而例如他們去了哪裡、做了什麼、和誰一起做這些事、他們搜尋什麼、瀏覽什麼等各種綜合記錄，他們不願意公開給朋友或政府觀看。

因為網路平臺可以取得這些個人數據，所以網路平臺、營運商和各平臺所用的人工智慧站上了新的位置，具備社會與政治影響力。尤其在被疫情影響的年代裡，人和人保持社交距離，加上遠距工作，社會更依賴人工智慧網路平臺，它不只是一種資源，還是社交黏著劑，讓我們可以表達意見、進行商務行為、配送食物並維持交通運輸。這些變化的規模和速度，已超過社會大眾與國際間對於網路平臺的理解和共識。

從社群媒體近期在傳播和管制政治資訊與假消息的角色可以看出，有些網路平臺的功能已經大到可以影響國家的治理。這種影響力是意外出現的，並不是任何人刻意追求或營造出來。可是科技世界能有卓越的技巧、直覺和洞察力，政府之間不一定有。

每個領域都有自己的語言、組織結構、敘事原則和核心價值。網路平臺是根據商業目標和用戶需求在運作，實際上可能或超越國家治理和戰略的範圍。反過來，即使傳統政府試圖調整平臺，已適應國家與全球目標，也很難識別平臺的動機和戰術。

事實上，人工智慧是根據自己的流程來運作，這和人類的思維過程很不同，速度也快得多，又增加了複雜度。人工智慧開發自己的方法來實現原訂的目標功能，人工智慧產生的結果和答案沒有人類特質，也和國家或企業文化無關。數位世界的全球性，以及人工智慧在全球網路平臺上監控、屏蔽、訂製、產生和散播資訊的能力，會把複雜性帶入不同社會的「資訊空間」裡。

愈來愈複雜的人工智慧被用在網路平臺上，以全國和全球的規模在塑造商場與社會裡的各種安排。社群媒體平臺（和他們的人工智慧）通常都說自己和內容無關，但這些平臺的社群標準和過濾資訊的方式都會影響資訊被創造、聚合和接收的方式。人工智慧在推薦內容和連結、組織資訊和觀念、預測用戶偏好和目標時，會無意中強化某些人、某些群體或社會選擇。實際上，這可能會鼓勵某些類型的資訊散播，形成某些聯繫，而抵制了其他類型的聯繫。不管平臺營運商的意圖如何，這種趨勢會影響社會和政治。每一天，個人用戶和群體透過無數的互動，迅速且大規模地相互影響——尤其是被複雜的人工智慧推薦內容所影響。因此，營運商可能無法清楚地了解當下發生了什麼事。如果營運商（有意或無意地）注入了自己的價值或目的，複雜性就會被放大。

政府認知到這些挑戰後，必須要非常謹慎地面對這些勢力。不管政府要限制、管制或允許網路平臺操作人工智慧，都會反映出選擇和價值判斷。如果政府鼓勵平臺將某些內容加上標籤或封鎖某些內容，或要求人工智慧識別出有偏見的資訊或「錯誤」資訊，把這些資訊降級，這些決定會變成社會政策的引擎，具備獨特的廣度和影響力。在全世界各地，尤其是在科技發達的自由社會，如何選擇內容已經成為搜尋辯論的主題。不管採用什麼方法，規模一定會比過去的法律或政策還要大，甚至可能會對許多政府管轄範圍內，數百萬或數十億用戶的日常生活，帶來立即的影響。

網路平臺與政府，這兩個競技場的交會將帶來無法預測的結果，而且還會引發高度爭議。我們或許無法獲得明確的結果，而是進入一連串的困境，得到不完美的答案。若想要管制網路平臺和他們的人工智慧功能，能不能符合不同國家的政治與社會目標（例如減少犯罪、打擊偏見），最終產生更公正的社會？還是會造成政府更強大、更具侵略性，通過機器代理人用我們無法理解的邏輯造成無法避免的結論？隨著時間推移、跨越國界、跨越洲際的用戶群之間迭代交流，人工智慧驅動的網路平臺是否會推動人類共同的文化，追求超越國家文化或價值體系的答案？或者，人工智慧支持的全球網路平臺會放大從用戶那裡得到的特定經驗與模式，產生不同於開發人員計畫或預期的效果，甚至破壞這些效果？我們無法迴避這些問題，因為我們的溝通，就像現在的架構一樣，已經無法在沒有人工智慧輔助的網路外進行了。

網路平臺與不實資訊

新想法、新趨勢早就可以穿越國界，這當然包括帶有惡意的想法與趨勢，但以前散播的規模從來沒有這麼大。儘管社會大眾有基本的共識，要避免刻意散播的有害不實資訊形成社會潮流或刺激政治活動，但事實證明成效不彰。展望未來，不實資訊的「攻擊」（即不實資訊的散播）和「防禦」（打擊不實資訊）都會愈來愈需要靠人工智慧自動化，或委託人工智慧來進行。會自動生成語言的人工智慧 GPT-3 已經有能力可以創造出合成人格，利用這些假人寫出符合仇恨言論的訊息，和人類用戶對話，灌輸偏見，慫恿人類行使暴力。如果這樣的人工智慧經過布建，大規模散播仇恨、進行分化，只靠人類還不足以有打擊成效。如非這樣的人工智慧在剛部署的時候就被逮捕，否則要靠人力來一一調查，進行辨識，再封鎖內容的話挑戰性太高了，就算是最先進的政府和網路平臺營運商也無法招架。這麼艱鉅又龐大的任務，一定會——而且已經確實——交給管制內容的人工智慧演算法。只是，誰創造了這些演算法？誰在監督這些演算法？而這些演算法又是如何被創造和監督的呢？

自由社會對人工智慧網路平臺愈來愈依賴，而網路平臺可以跨國界或跨區域來產生、傳遞、過濾內容，當這些網路平臺不經意宣傳了仇恨和分化，自由社會就面對了一項全新的威脅，應該要想想全新的作法，來管制所屬的資訊環境。潛在的問題很急迫，可是依賴人工智慧的解決方案會帶來自己的問題。我們一定要在等式的兩端，衡量人類判斷與人工智慧自動化間如何平衡。

對於習慣想法可以自由交流的社會來說，人工智慧可以評估資訊，也有潛力可以管制資訊，要和人工智慧的這個角色糾纏，會帶來許多棘手的論辯。散播不實資訊的工具愈來愈強大，還逐漸自動化，要定義並抑制不實資訊漸漸成了社會與政治功能。對於私有企業和民主政府來說，這個角色會帶來強大的影響力和責任，不但很罕見，過去在各種社會與文化現象中，也從未追求過，畢竟社會與文化的發展從來不是由單一行為者所運作或控制的，而是由好幾百萬次真實世界裡的互動推波助瀾而生。

對某些人來說，委由科技來防治不實資訊似乎不會受到人類的偏見與私心影響，因為人工智慧很客觀，可以辨識不實資訊和偽造資訊，並加以逮捕。但那些從未見光或公開的內容呢？若訊息要擴散或被看見的流程，簡約到這則訊息的存在已經被否定了，那我們其實已經進入了某種言論審查狀態。如果反不實資訊的人工智慧犯了錯，誤把某則真實訊息當成有害的不實資訊而封鎖了，我們要怎麼辨識？我們能不能及時掌握足夠的資訊來修正？又，我們有沒有權利可以閱讀人工智慧所生成的「虛假」資訊？我們真的有興趣來閱讀人工智慧所生成的「虛假」資訊嗎？若要用一套客觀（或主觀）的標準來檢視資訊真假，以訓練防禦型人工智慧——如果監控這人工智慧的能力可以被發展起來的話，那麼這功能將非常強大，且影響深遠，挑戰了傳統政府所扮演的角色。人工智慧的目標功能、訓練參數、真假定義等設計只要稍有不同，結果就會動搖整個社會。既然網路平臺運用人工智慧將服務提供給數十億人，這些問題也就愈發重要。

抖音是個運用人工智慧的網路平臺，讓人可以創造和分享各種異想天開的短影片，國際間關於抖音的政治與規範辯論讓我們意外瞥見，若我們依賴人工智慧來創造溝通的樣貌，會有哪些挑戰，更何況這個人工智慧還是一個國家開發出來卻由各國公民來使用的。抖音的用戶以智慧型手機拍影片分享，另外數百萬用戶都很喜歡看這些影片。原生的人工智慧演算法會根據用戶過去的使用行為來推薦影片。抖音在中國開發，紅遍全球，這個平臺本身不創造內容，對內容也沒有太多規範，只有長度限制，和社群指南裡禁止「假消息」、「暴力極端主義」和暴力血腥內容。

對一般觀眾來說，抖音在人工智慧的協助之下，提供了特別的視角，看出去的世界很異想天開，上頭的內容都是傻氣的舞蹈、搞笑的影片和一些罕見的才藝。可是因為政府顧慮到這個應用程式在蒐集用戶數據，而且暗地理進行言論審查、散播不實資訊，所以美國政府和印度政府在二〇二〇年都開始限制抖音。不僅如此，華府還要求抖音將在美業務出售給美國本土的公司，這樣才能把用戶數據留在國內，避免輸出給中國。北京不甘示弱，禁止輸出推薦內容的演算法程式碼，而這是抖音吸引用戶、提供娛樂的命根子。

很快地，更多的網路平臺，或許大多是溝通、娛樂、商務、金融和產業用的平臺，都會依賴日漸複雜的特製人工智慧來提供主要的功能、管理內容，而且服務範圍不受國界限制。這些作為的政治、法律與科技綜合影響力還在持續展開。一個運用人工智慧的奇幻娛樂應用程式就已經讓各國政府官員驚惶了，這表示在不久的將來，有更複雜的地緣政治與管制規範難題在等著我們。

政府與區域

網路平臺會帶來新的難題，有些和文化相關，有些和地緣政治相關，不只每個國家要想辦法解決，還因為科技無國界，所以會牽涉政府關係和區域關係。即使政府持續大幅干預，多數國家——即便是科技最發達的國家——也不會讓企業產生出或維持一個先進的「單國」網路平臺，同時還具備了全球影響力（包括社群媒體網路平臺、網路搜尋平臺等等）。科技變化的步調太快了，知識淵博的工程師、產品設計專業人員和產品開發專業人員太少，沒辦法涵蓋這麼廣。全球對人才的需求很高，對多數服務來說，若針對不同國家要提供獨立的平臺來推出產品和服務的話，市場太小，成本太高。要想站在科技發展的最前端，所需的智慧財產和金融資本非常龐大，多數企業根本沒有足夠資本，多數政府也不願或無法提供。但就算是在這種情況下，用戶若有選擇，也不想被限制在只有本國人才能進入的網路平臺，取用該國特有的軟體和內容。正向的網路效應會讓少數人引領科技，市場也會支持他們的產品或服務。

許多國家都很依賴——甚至很可能會無限期地持續依賴——其他國家所設計、總部設在其他國家的網路平臺，所以他們也可能要倚賴其他國家的管制人員才能持續存取資料、才能有主要輸入項目、才能獲得國際間的最新資訊。既然這些由人工智慧驅動的網路服務已經整合到社會的基本面，許多政府都有強烈的動機要確保這些來自其他國家的服務能延續下去。他們的作法可能是管制網路平臺擁有者，或經營、設定平臺業務的要求，或是管理人工智慧訓練的方式。政府可能會堅持要開發人員納入一些步驟，來避免偏見或倫理窘境。

公眾人物或許成功地運用了網路平臺與人工智慧來讓他們的內容被更多人看見，讓他們可以接觸更多閱聽大眾。但如果平臺營運商認為超大咖違反了內容標準，他們會立即受到審查或移除，讓他們無法接觸到那麼多人（或是讓想看的人只能私底下傳訊）。或他們的內容可能會加上警告標籤，或其他可能會招來指責的警語。問題是什麼人或什麼機構可以做這決定？獨立判斷並施以處罰的權力現在落到部分企業手中，很少民主國家政府有這等力量。雖然大多數的人都不想要讓私有企業獲得這麼大的權力和控制力，但把這股權利交給政府單位也一樣有問題。傳統的政策和方法已經不管用了。講到網路平臺，這樣的評估和決策變得愈來愈不可或缺，必要性在這幾年內極速升高，幾乎有點意外，似乎讓用戶、政府與企業都很驚訝。這問題需要解決。

網路平臺與地緣政治

網路平臺的新興地緣政治，出現國際策略中一個全新的關鍵：國際政治的場域裡，下場的不再只有政府了。政府或許愈來愈想要限制這些系統的用途或行為，也可能會試圖要避免這些網路平臺在重要區域裡，把自家土生土長的類似產品給逼死了，免得一個社經新對手對於該國的產業、經濟或政治、文化發展有強大的影響力，而政治力又更難定義了。不過，因為政府通常不會去創造或營運這些網路平臺，投資人、企業和個人用戶的行動會和政府的限制與誘因一起塑造這片領域，創造一個策略競技場，而這個競技場因為變化萬千而難以預測。此外，一種新型態的文化與政治焦慮感也加入了這個很複雜的等式。北京、華府和許多歐洲國家首都皆表示了他們的顧慮，（其他國家則表示得比較委婉），他們擔心國民的經濟與社交生活都在網路平臺上展開，而這些平臺的人工智慧則是由其他國家所設計的，這些國家還可能是潛在假想敵。從科技和政策開始發酵，新的地緣政治架構已經逐漸成形。

美國催生出許多涵蓋全球、技術領先的私人營運網路平臺，而這些平臺愈來愈依賴人工智慧。這項成就的根源來自美國大學的學術表現優異，可以吸引全球最頂尖的人才，還有新創生態系讓參與者可以快速創新、擴大規模，並且從開發過程中獲利，政府也（透過國家科學基金會、美國國防部高等研究計劃署和其他機構）支持先進研發。英文是全球共通的語言之外，許多美國制定的技術標準都成為全球通用的標準，國內就有大量的個人用戶與企業用戶，上述因素都讓美國為網路平臺營運商提供有利的環境。其中有些營運商迴避政府介入，認為他們的利益和國家無關；另外有些營運商則擁抱了政府的合約和專案。在海外，這些平臺逐漸被視為美國的作品和美國的代表（幾乎已成全球共識），儘管在很多情況下，美國政府的角色就是不干涉平臺。

美國開始把網路平臺視為國際策略的一部分，限制外國平臺在美國境內的活動，也限制軟體和技術輸出，避免外國競爭對手偷學。同時，中央政府與地方政府的監管人員也已經把幾個國內大型的網路平臺當成反托拉斯的目標。至少在近期內，這些作法同步施行，既讓平臺在策略上茁壯獨霸，在國內又要避免壟斷傾軋，會讓美國的發展方向很衝突。

中國也支持網路平臺的發展，這些平臺已具備全國規模，但同時也準備要再擴張。北京的監管手段刺激國內科技要角間激烈競爭（以全球市場為終極目標），也在中國境內（利用為國內科技公司特製的優惠）排除了外國企業。這幾年，北京採取許多行動，來建立國際科技標準，避免中國開發出來的敏感科技外流。中國的網路平臺在中國和附近區域制霸，有些已經在全球市場中領先了。某些中國網路平臺利用華人離散的優勢（例如在美國和歐洲的華語族群會繼續大量使用微信的傳訊與支付功能），但他們的吸引力不限於中國消費者。打贏中國國內市場的混戰之後，勝出的網路平臺和人工智慧科技就有資格在全球市場內競爭。

在某些市場裡，如美國和印度，政府愈來愈有話直說，把中國的網路平臺（與中國的數位科技）當成中國政府潛在或既成事實的政策目標。雖然在很多案例中，這都是事實，中國網路平臺營運商的困境也透露出這些企業和中國共產黨之間的關係很複雜，實際上很多變。中國網路平臺營運商可能沒有自動反映出黨國利益，這個相互關係好不好，可能要看網路平臺的功能以及這個營運商懂不懂政府沒明示的紅線在哪裡。

許多生產關鍵科技且產品遍及全球的科技公司，如半導體、伺服器、消費電器等產業都來自東南亞，這裡也有很多在地自創的網路平臺。在這個區域裡，總部設在中國或美國的平臺對不同族群的影響力不一樣。他們和網路平臺的關係，和經濟與地緣政治裡，這些國家和美國為首的科技生態體系比較親近。可是中國網路平臺的用量也很大，而且這個區域和中國企業、中國科技的互動程度很廣泛，東南亞可能認為和中國的往來是當地很自然的發展，也是當地經濟繁榮的主因之一。

歐洲不同於中美，還沒有建立自己的全球網路平臺，或培育本土數位科技產業可支持大型平臺的發展。不過，大型網路平臺營運商都很重視歐洲，因為這裡有一流的企業和大學，和啟蒙運動以來的探索傳統為電腦世代奠下重要的基礎，歐洲的市場規模夠大，監管機構不容易創新或訂立法律規範。不過歐洲的劣勢在於新網路平臺一開始要取得規模很難，因為要提供多種語言，服膺多國規範才能在多國市場裡打出一片天。相對地，美國和中國的網路平臺一開始就能做到一片大陸的規模，讓企業看到投資的成效，再透過其他語言擴大規模。

歐盟近來把監管的注意力集中在網路平臺營運商參與市場的條件，包括這些營運商（和其他實體）使用人工智慧的方式。就和其他地緣政治的問題一樣，歐洲面臨的選擇是要不要在各大科技領域裡加入其他聯盟，建立特別的關係，來塑造自己的路；或是要當制約兩大聯盟的力量。

傳統歐盟國家，和後期加入歐盟的中歐語系東歐國家可能有不同的偏好，反映出不同的地緣政治與經濟狀況。目前，法國和德國等歷史上擁有國際實力的歐洲國家，較重視操作科技政策的獨立和自由。不過，邊陲的歐洲國家，例如蘇聯瓦解後的波羅的海國家與中歐國家，近年來經歷了外國的威脅，比較願意認同美國領導的「科技圈」。

印度在這競技場上還是個新興勢力，擁有龐大的智慧財產資本，對創新相對友善的企業與學術環境，以及海量技術與工程人才，可以打造出頂尖的網路平臺（如印度土生土長的網購產業所示）。印度的人口與經濟規模龐大，可以撐起獨立的網路平臺，不需要倚賴其他市場。同樣地，印度設計的網路平臺也有潛力可以受到其他市場歡迎。過去數十年來，印度的軟體人才已經遍布在資訊科技服務產業和非印度的網路平臺內。現在，印度在評估區域關係以及對進口科技的依存度時，可能會開創一條更獨立的道路，或者在科技相容的國際集團取得主要的角色。

俄國儘管傳統上在數學與科學的發展非常嚇人，目前卻沒開發出幾樣能吸引國外消費者的數位產品和服務。不過，俄國擁有可敬可畏的網路能力，也已經展示了滲透其他國家防備的能力，還能在國際網絡中執行自己的行動，這都顯示出重要的世界科技強權裡不能漏了俄國。或許是因為看穿其他國家在網路上的弱點，俄國也扶植了自己的全國型網路平臺（如搜尋介面 Yandex），儘管這些平臺目前看起來對非俄國消費者來說吸引力並不大。目前，這些平臺還是主要服務提供商以外的選項，並不是重要的經濟經爭者。

跨領域的經濟優勢、數位安全、科技領先程度與倫理道德、社會目標等，就在上述政府與區域的參與下展開了。儘管到目前為止，主要的選手都還沒有確認這場競賽的本質或是規則。

有個方法是把網路平臺和人工智慧視為國內管制的項目。從這個觀點來看，政府的首要挑戰是要避免平臺濫用優勢，或限縮原本已經建立好或規範好的責任。這些概念還在進化，不斷接受辯證，尤其是在美國和歐洲，或歐美互辯。因為正向網路效應會讓平臺隨著規模變大，提供更多價值給用戶，所以平臺的責任往往很難定義。

另一個方法是把網路平臺的出現和營運當成是國際戰略的議題。從這個觀點來看，外國營運商在國內的流行帶來新的文化、經濟與戰略因素。有人擔心網路平臺可能會被動地培養以前只有緊密盟國有才的聯繫和影響力，尤其用了人工智慧來學習國民的行為、影響國民之後。如果網路平臺很有用、很成功，就會支持更遼闊的商業與產業活動，對其他國家來說平臺簡直不可或缺。至少在理論上，若這樣的網路平臺威脅要撤出（或收回重要的科技項目），不管是政府或企業提出來，都是潛在的籌碼，所以平臺就更希望能達到不可或缺的地位。在危機中拿網路平臺（或其他科技）要脅當武器的能力雖然只是假設，但可以催促政府採用新的政策和戰略。

對沒有自產網路平臺的國家和區域來說，短期之內的選擇有：一、如果有些網路平臺會讓敵國政府獲得籌碼，就不要過分依賴；二、繼續打開罩門，讓其他政府有潛力可以取得公民的數據；三、讓不同的潛在威脅彼此牽制。一國政府可以判斷到底能不能承受讓外國網路平臺繼續在境內營運的風險，還是必須引進其他的競爭對手，讓兩者相互制衡。有資源的政府可以贊助國內的新平臺，將其栽培成外國平臺的競爭對手，但是在很多情況下，這樣的選擇會需要持續、大幅的介入，而且還是有失敗的風險。先進國家可能會想要避免依賴任何單一國家的產品來進行特定功能（例如社群媒體、商務、共乘），尤其是在各種平臺都可用的地區。

運用人工智慧的網路平臺若是由一個社會所創，可能會在另一個社會裡提供功能和進化，無法脫離這個國家的經濟和國內政治論述，偏離了早期的角色。之前，資訊與溝通的來源通常只有本地或本國的規模，而且沒有獨立的學習能力；今天，在一個國家內所創造的交通運輸網路平臺，可以成為另一個國家的命脈，因為平臺已經學會了哪些用戶需要哪些產品，並且把物流後勤都自動化了。實際上，這種網路平臺可以成為重要的經濟基礎建設，讓原生國擁有籌碼，控制其他依賴這個平臺的國家。

反之，當政府決定要限制外國科技在自家經濟體系內的範圍，他們的決定就會阻礙這項科技的傳播，或是將來的商業能見度。政府若把外國網路平臺視為威脅，可能會把焦點放在禁止外國網路平臺的使用。許多國家都對外國產品與外國平臺採取此類的行動。這種監管方式可能會因為不符合國民的期待而帶來緊繃張力，因為國民認為自己可以自由使用最好用的服務。在開放的社會裡，這樣的禁令也會帶來許多難解的新問題，讓人質疑政府的管轄範圍如何界定才適當。

網路平臺營運商的全球地位和用戶群引起政府的疑慮，讓各國政府開始採取行動，所以營運商就必須決定自己要大到什麼程度，最後這些營運商會成為不同國家、不同區域裡企業的集團，分屬不同的管轄權。相反地，他們也可以任自己成為獨立追求不同價值的全球企業，和任何政府的目標都不相符。

在西方社會和中國，官方對於另一邊的數位產品和服務進行評估，包括運用人工智慧的網路平臺，而評估結果認為這些數位產品和服務的重要性在成長。在這些國家之外，政府和用戶可能會把大型網路平臺視為中美文化或利益的表現。網路平臺營運商來自哪個社會，營運商的價值和組織原則可能會反映出那個社會的價值和原則。可是至少在西方，沒有人規定兩者一定要相符。西方企業文化往往重視表達自我和全球一致性，超越了國家利益，也不會服從既有的傳統。

就算國家或區域的「科技脫鉤」沒發生，政府的行動也會開始把企業區分為不同的陣營，看這些企業在哪些活動裡服務特定的用戶族群。當人工智慧向不同國家、不同地理範圍的用戶群學習，並加以調整，可能就會對不同區域的人類行為產生不同的影響。這樣一來，一個以全球社群和溝通為發展目標的產業，可能會隨著時間展開區域化的過程。人工智慧為了用戶朝向不同的方向發展，影響不同現況裡的用戶群，這些用戶再被集合起來。漸漸地，區域科技標準的圈子就會發展起來，有不同的人工智慧網路平臺和他們支持的活動與表現方式，沿著完全不同的平行線發展，不同區域之間要溝通或交流就會愈來愈陌生、愈來愈困難。

個人用戶、企業、監管單位，還有想要形塑並引導人工智慧網路平臺的國家政府之間互相拉扯，以後會愈來愈複雜，形成另一種戰略競爭、貿易談判和倫理辯論。看起來很急迫的問題，可能等到相關官員要聚在一起討論的時候都過時了。那時候，運用人工智慧的網路平臺可能都已經學會新的行為，讓區域內的相關討論跟不上。創造和營運的人或許會更理解網路平臺的目標和限制，但還是不太可能會直覺地預先顧及政府的考量或其他廣泛的哲學異議。我們亟需不同單位之間對於核心顧慮和解決方法來進行對話，而且應該在還有機會的領域裡，趁人工智慧布建為大規模網路平臺前採取行動。

運用人工智慧的網路平臺與我們人類的未來

人類的觀點和經驗經過理性過濾，一直在定義我們所理解的真相。這份理解向來都只有個人或當地的規模，只有在重要問題或現象出現時才會接觸到比較多人；而且除了宗教比較特殊之外，其他理解一般都不會有全球或全世界的規模。現在日常的真相可以透過網路平臺，把不同數量的用戶聚集在一起，被全世界取用。可是個人的心智已經不是真相唯一、甚至不是主要的導航了。運用人工智慧的大陸型或全球型網路平臺已經和人腦聯手，並且在某些領域內協助人腦，未來還可能取代人腦。

在區域、政府和網路平臺營運商之間一定要定義好理解和限制的新概念。人類心智從來沒有用這種方式運作過，網際網路時代是首例。人工智慧網路平臺的發展對於國防、外交、商務、醫療和交通都會帶來複雜的影響，造成戰略、科技和倫理的困境，複雜到沒有任何人或任何學科可以單獨應對。人工智慧網路平臺的發展帶來許多新問題，不能單純視為是國家、黨派或科技的問題。

戰略專家必須參酌過去世代提供的心得和教訓，不該預設自己可以在任何商務或科技的競爭中獲得全面勝利，而是要知道：勝利需要定義出成功，而成功的要素可以長期維持下去。這就需要我們回答冷戰期間政治領袖和策士迴避掉的問題：需要多強大的優勢？在什麼情況下，優勢對表現就沒意義了？若雙方在危機中都已經用盡全力了，什麼程度的劣勢在危機裡還有意義？

網路平臺營運商會面臨服務客戶和商業成就以外的選擇。目前，在改善產品、增加觸擊範圍、滿足用戶與股東的利益之外，他們還沒被要求要定義出服務倫理。等他們的影響力愈來愈大、角色愈來愈吃重，有些功能會影響政府活動（有時會影響敵國政府的活動），就要面對更艱鉅的挑戰。他們開創了虛擬世界，所以不僅需要協助定義虛擬世界的能力和最終目的，也要愈來愈注意如何和不同的社會互動。

第五章 安全與世界秩序

打從有歷史紀錄以來，對於有組織結構的社會來說，安全就是最基本的目標。各種文化的價值觀都不一樣，各種政治機構的利益和抱負也不一樣，可是只要形成社會，就一定要自我防衛，不管是獨自防禦或是和其他社會結盟都好，否則就會覆滅。

在每個時期，想要獲得安全的社會都會發展科技，找出更有效的方式來偵查威脅、獲得備戰優勢、將影響力拓展到國界之外，並且在戰時可以動用武力求生存。對於最早期的社會組織來說，冶金、馬力、造船、搭建堡壘等技術的發展都具有決定性。現代社會早期，船堅砲利、航行儀器等創新都很重要。普魯士軍事理論家卡爾・馮・克勞塞維茨（Carl von Clausewitz）在他一八三二年的經典著作《戰爭論》提到：「軍力，是為了抵抗敵軍武力，就是要用工藝與科學的創新來為己方提供裝備。」

有些創新，例如搭建堡壘和挖壕溝都有利於防守。可是若能用更快的速度、更強的力量把武力投射到更遠的距離，就可以獲得優勢。在美國內戰（一八六一至一八六五年）和法國普魯士對戰（一八七〇至一八七一年）期間，軍事衝突已經進入機械時代，更確定了全面戰爭的特性，像是製造工業化武器、靠電報傳遞軍令、軍隊和軍備可以靠鐵路穿越一片大陸等。

每一次權力擴張，大國都會用另一種方式評估哪一方在衝突中能夠獲勝，勝利的風險和代價是什麼，衝突的理由是什麼才合理，如果另一個國家挾帶軍火介入對結果有何影響等。各國的能力、目標、策略訂好之後，至少在理論上會達成均衡，或形成權力平衡。

在過去這一世紀內，手段與目標的戰略考量已經脫節了。用來追求安全的科技成長了好幾倍，毀滅性更強；就算是目標已經定義清楚，要如何運用這些科技的策略也變得模糊。在我們的年代裡，網路與人工智慧能力的發展，會把複雜性與計算時的抽象程度帶到全新的境界。

在這個過程中，第一次世界大戰（一九一四至一九一八年）是個重要的轉折。在一九〇〇年代初期，歐洲大國經濟發達，科技與知識領先全球，對各自的全球任務擁有無限信心，駕馭了工業革命帶來的科技優勢建造現代軍隊。他們靠著徵兵制度集結大軍，利用火車運送軍備、機關槍，和其他可以快速填充砲彈的軍武。他們發展出先進的製造方式，用「機械的速度」補充軍火，發明化學武器（後來被立法禁制，多數國家都接受禁令，但並非所有國家都接受）、裝甲戰艦和早期的裝甲坦克。由於和盟國締約可以在一受到挑釁的時候就迅速、充分地協同動員，所以這些歐洲大國透過快速動員和結盟等優勢策劃了精細的策略。結果一個不會影響到全世界的危機出現了，賽爾維亞民族主義者刺殺了哈布斯堡王族，歐洲大國於是按照計畫進入衝突中。結果一場大禍毀了一整個世代的人，他們的國家捲入戰爭，但原本的衝突和他們一點關係也沒有。三個帝國目睹王朝的崩解，就連戰勝國也因此國力空虛數十年，國際地位也從此為之削弱。外交政策沒有彈性、軍事科技卓越先進、一觸即發的動員計畫，一起建構出惡性循環，不但有可能爆發世界戰爭，而且還無法避免。死傷人數過多，因為各國都想要個合理的解釋，結果就是不可能達成妥協。

在這次劇烈變動之後，所有的注意力、學科和資源都投入軍火業，大國讓當代戰略的謎題更加難解。在第二次世界大戰末期，以及冷戰的前十年，兩大超級強國都在努力打造核子武器與洲際發射系統，這種強大的毀滅力只會關係到最重要、最全面的戰略目標。物理學家奧本海默是原子彈之父之一，他目睹核子武器在新墨西哥的第一次試爆，他並沒有想到克勞塞維茨的《戰爭論》，而是感動地引用了印度經文《薄伽梵歌》：「我現在是死神了，我是世界的破壞者。」這個觀點預示了冷戰策略最核心的矛盾，那個年代裡最能稱霸的武器始終沒有被動用過。這項武器的存在就足以威嚇對手，達成一些目標了；但若真要使用，這武器的毀滅性和達成目標的效用，兩者根本不成比例。

能力與目標之間的關聯在冷戰前後都很破碎，或至少沒有足夠的關聯，可以清楚地發展出策略。大國打造出科技先進的軍隊，也建立了區域和全球的同盟系統，可是他們沒有用來互相對抗，也沒有在和小國衝突的時候使用，而是仍以比較原始的軍火來進行武裝行動，法軍在阿爾及利亞、美軍在韓國，還有美、蘇在阿富汗，都有苦澀的真實體驗。

網路戰與人工智慧的時代

今日，在冷戰後，大國和其他國家都已經用網路能力強化了軍火庫，網路作戰的能力既不透明而且可以否認，在某些情況下，網路任務遊走於不實資訊、情報蒐集、滲透破壞和傳統衝突的邊界，新策略完全不受舊守則的約束。同時，每一項進展都會搭配新的罩門和破綻。

人工智慧時代承受著現代策略愈來愈複雜難懂的風險，已經超越了人類的意圖，或完全超越了人類的理解力。就算有些國家拒絕大量部署所謂的致命自主武器，也就是自動或半自動的人工智慧武器，經過訓練或授權，可以自行選擇目標，不需要人類授權就加以攻擊，人工智慧也可以增強傳統、核子與網路作戰能力，讓敵國之間的安全關係更難預料、更難維繫，也更難限制衝突。

人工智慧潛在的防衛功能分在好幾個不同的層次上操作，很快就會證實人工智慧不可或缺。由人空智慧駕駛的戰鬥機已經在模擬空戰中勝過人類飛行員了。人工智慧用同樣的大原則讓阿爾法元贏棋、找出海利黴素，也可以用這原則判斷對手的模式（即便對手沒有計畫或預警也無妨），再推薦反擊的方法。人工智慧或許可以允許同步翻譯或即時傳遞重要資訊給深陷危機的軍士，讓他們理解周遭的情勢，或是報出自己要完成任務所需要的支援、其他人員的安危等等。

沒有哪一個大國可以忽視人工智慧的安全。美國和中國已經開始競賽，看誰能先取得人工智慧戰略優勢，俄國某種程度上也參賽了。因為知道或懷疑其他國家獲得部分人工智慧的能力，所以更多國家都會想要。一旦導入人工智慧的能力，就會散播地很快。要建構精緻的人工智慧需要大量運算能力，但操作或散播人工智慧卻不必。

這些複雜問題的解答，並不在解除武裝或陷入絕望。核武、網路和人工智慧科技都存在，每一項都必然在戰略中占有一席之地，沒有哪一項可以逆轉，讓我們回到這些科技還沒有被發明以前的歲月。如果美國和盟國擔心作戰能力的複雜後果就決定退縮喊停，世界不但不會更和平，反而會失衡得更嚴重，因為缺乏民主、沒有承擔的國家將取得最可怕的戰略能力，導致國際間失去平衡。不管出於國家利益或著眼未來，美國在這些領域都不能止步，事實上，美國更應該要盡力去打造、影響這些領域。

這些領域內的進展和競爭會帶來轉變，測試傳統的安全觀。在轉變完全停不下來之前，我們必須要明確定義人工智慧相關的戰略守則，和其他擁有人工智慧的強權（可能是國家，也可能不是國家）來比較這些原則的差異。未來的十幾年內，我們需要達成全力平衡，因為網路衝突、大規模不實資訊和人工智慧所輔助進行的戰爭，都太抽象無形而難以理解了。現實主義要求我們理解：擁有人工智慧的對手，儘管和我們有競爭關係，也應該要一起探討如何在發展上設定限制，如何運用毀滅性強大、無法預測又會造成社會動盪的人工智慧。大家認真嚴肅地討論控制人工智慧的力量，並不會和國家安全起衝突，而是要確保各國都能追求安全，並且在維護人類未來的安全。

核武與嚇阻

過去的世代裡，一旦有新武器出現，軍隊就會把它整合到火藥庫裡，戰略專家會編撰守則，用這項武器來追求政治目標。核武的發展打破了這項關聯。人類第一次在戰爭中使用核子武器，也是歷史上唯一一次使用核子武器，便是美國在一九四五年分別於長崎和廣島投擲原子彈，迅速結束了第二次世界大戰在太平洋的戰事，這件事馬上被當做分水嶺。就算全世界最強大的國家都加倍努力要精進這樣全新的武器科技，將其整合到火藥庫中，他們也罕見地公開對話，針對核武的戰略與道德意涵進行辯論。

核子武器的規模遠勝過當時所有軍備，因此帶來幾個很基礎的問題：這麼龐大的毀滅力和傳統戰略裡的原則和教條有關嗎？若要完成政治目標，又不發動全面戰爭，導致相互摧毀，能用上核子武器嗎？核彈可以經過計算、校準，依比例原則作為戰術使用嗎？

目前上述問題的答案，介於模稜兩可和否定之間。就算是美國獨有核武的短短那幾年（一九四五至一九四九年），以及核武發射系統比較有效的時候，也始終沒有開發出戰略守則或明定道德原則，讓人可以肯定地在二戰後的實際衝突中用上核子武器。在那之後，因為擁核國家之間沒有一致認同的明確守則，沒有制定政策的知道要如何「有限度」使用、什麼時候「有限度」，到目前都沒有人打算擬出共識和規範。一九五五年第一次臺海危機發生時，艾森豪總統威脅當時沒有核武的中華人民共和國若不降低衝突，他看不出有任何理由不能用上戰術型核子武器，「使用原子彈就如同使用子彈一樣」。過了快要七十年，沒有任何領袖或元首測試過這個立場。

不過，冷戰時，核武戰略的大目標就是嚇阻別人使用這項武器，自己要先堅定表示會用上核武，來避免對手展開衝突或在衝突中使用核武。核武嚇阻的核心是對目標的心理戰，要用威脅反擊的方式說服對手不要行動。這取決於一國的國力和一種不可見的特質：潛在對手的心智程度和對手建立心智的能力。從嚇阻的角度來看，表面上的弱點和實際上的不足都有同樣的後果；唬人結果被對方當真了的話，嚇阻效果比實際威脅卻被對方無視還要大。核武嚇阻和（目前的）其他安全戰略相比非常獨特，核武嚇阻建構在許多無法測試的抽象觀念上，嚇阻力不能證明這件事到底能不能避免。

儘管有著上述矛盾，核武軍火庫還是被整合到國際秩序的基本觀念裡。美國獨有核子武器的時候，可以嚇阻傳統威脅，並且把「核子保護傘」延伸到自由國家或盟國。蘇聯若要把軍力投射到西歐，不管多麼遠程或抽象，美國都願意用核武來對抗。等到蘇聯也擁有核子武器，兩大超級強國的核子武器原則上就是用來嚇阻對方不要使用核子武器。「可存活下來」的核武能力，也就是假設對手發動第一擊，然後動用核子武器反擊的能力，取決於能否嚇阻核戰的發生，要達成這個目標，就要看超級強國對衝突的看法。

冷戰霸權投入龐大的資源來擴展核武能力，同時讓軍火離日常戰略行動愈來愈遙遠。中國、越南、阿富汗等沒有核武的國家還是會挑戰超級強國，儘管蘇聯擁有核武，中歐與東歐國家還是脫離莫斯科自立了。

韓戰期間，蘇聯是美國以外唯一擁有核子武器的國家，後來在數量和發射系統上獲得決定性優勢。可是美國政策制定者沒有使用核武，而是選擇用第一次世界大戰的方式犧牲了數萬人，來對抗和蘇聯結盟的中國與北韓軍隊（現在回顧過去，他們的結盟也很淡薄），當時中國和北韓都沒有核子武器，但美國也不願意承受動用核武的不確定性與道德瑕疵。自此以後，擁有核武的國家碰到沒有核武的對手，都會下同樣的結論：就算是被沒有核武的人打敗了，也不會動用核武。

在這時期，政策制定者不想發展戰略。在一九五〇年代大規模報復的教義下，美國威脅道，不管是核武或傳統攻擊，都一定會升高到大規模核戰。原本這是要把不管多小的衝突都升高到世界末日，最後卻證明在心理和外交上都站不住腳，而且無效。有些戰略專家做出回應，提議在有限度的核子戰爭中運用戰術型核子武器。不過，這類提議都因為對衝突升高和限度的疑慮而石沉大海。政策制定者擔心戰略專家所提議的守則太不切實際，無法中途喊停，避免全球型核子戰爭，因此核武戰略還是聚焦於嚇阻的目的，確保威脅可信，就算是在大災難的狀況下，也不要超過人類過去的戰爭經驗。美國把武器分散到不同的區域，建立了三域（海陸空）發射能力，確保就算是對手奇襲，美國也能做出毀滅式的回應。據稱蘇聯開始研究一套系統，在人類啟動之後，這套系統可以偵測到核彈來襲，下達發射的命令，在人類不介入的情況下直接反擊。這是早期半自動戰爭的概念，即是將部分指揮功能委由機械進行。

政府與學界的戰略專家發現，若只依賴核武攻擊而缺少防禦核武的能力，將無法令人安心。他們研究防備系統，至少在理論上，面對核武僵局時，可以延長政策制定者的決策時機，讓他們有機會透過外交手段，或至少可以收集更多資訊，解開誤會。諷刺的是，對於防備系統的追求只加速了攻擊型武器的需求，以突破雙邊的防禦。

兩個超級強國的火藥庫愈來愈大，真正部署核武在部隊裡，避免或懲罰對方的舉動就變得愈來愈不真實、不可信，且已經威脅到嚇阻本身的邏輯。核子僵局的認知又催生了新的觀念「相互保證摧毀」，這個名稱聽起來既有威脅性卻又很諷刺。因為這個理論在減少目標的同時，卻增強了毀滅的程度，傷亡人數必然慘烈，所以核武只能用來示警，包括提高重要系統與單位的備戰程度，準備投射核子武器，這樣才能獲得對手的注意，也才能被當成一回事。但這樣的信號也不能常用，免得對手誤解，導致全球性的災難。在追求安全的過程中，人類發展出終極武器與精細的戰略夥伴，結果是讓焦慮感蔓延，擔心核武有朝一日會被啟用。軍備控制就是要緩解這個困境。

軍備控制

嚇阻是用威脅啟動核戰的方式來避免核戰，軍備控制則是要透過限制、廢止、消滅武器來避免核戰。這個手段還要搭配反擴散，也就是核子武器以及支持建立核武的知識和科技，都不能散播到當時尚未擁核的國家裡，並在這基礎上發展出許多條約、防護措施、規範與控制機制。過去沒有任何武器科技會需要此等規模的軍備控制和反擴散。目前這兩項策略都不算完全成功，這兩項策略也沒有認真應用在新武器上，例如後冷戰時期發明的網路與人工智慧等類別。不過愈來愈多人進入核武、網路與人工智慧的競技場，軍備控制的時代還是有很多值得我們思量的教訓。

在核武邊緣政策以及（一九六二年十月）古巴飛彈危機差點爆發衝突之後，美蘇兩大超級強國試圖透過外交讓核武競賽畫下休止符。兩邊都在擴大火藥庫不說，中國、英國、法國也來了，華府和莫斯科授權談判代表展開軍備控制的對話。他們小心翼翼地試探核武的數量與戰力如何能維持戰略均衡。最終，雙邊同意不但要限制攻擊性武器，而且在嚇阻的矛盾邏輯把罩門拿來確保和平之後，他們的防備能力也要受到限制。結果在一九七〇年代建立戰略武器限制談判的共識，簽訂《反彈道飛彈條約》，最終在一九九一年簽下《戰略武器裁減條約》。在這些情況下，攻擊型武器的上限讓超級強國保留了摧毀與嚇阻對方的力量，同時節制嚇阻策略所引發的軍備競賽。

儘管華府與莫斯科仍是敵對雙方，也繼續追求戰略優勢，兩邊都透過軍備控制的談判在計算中獲得了確定性。兩邊都讓對方知道自己的戰略能力，又同意基本的限制，建立機制來確定對方的意圖，雙邊都想要正視心中的恐懼，原本兩邊都怕對方為了發動第一擊想要瞬間舉得核武優勢。

這些作法最終超越了自制，積極地避免核擴散。美國和俄國在一九六〇年代中期開始一個多重承諾、多重機制的組織，除了原本就擁有核武的國家之外，其他國家不能取得或擁有核子武器，條件就是必須承諾協助其他國家運用核子科技來開發可再生能源。這樣的結果是因為，大家對於核武都有共同的感受，在政治、文化和冷戰期間的各國元首間的關係裡，都認知到大國之間的核子武器會造成不可逆轉的決定，不管對獲勝的人、被殲滅的人或旁觀的人來說，都必須承受獨特的風險。

核子武器讓制定政策者看到兩道永遠互相關聯的謎題：如何定義優勢？如何限制劣勢？當兩大超級強國都擁有足夠的武器可以摧毀世界很多遍，優勢的意義是什麼？一旦軍火庫建立好並完成部署，保證可以存活，那為什麼還需要更多武器？獲得優勢和實現目標之間的關係變得不透明。同時，許多國家都獲得了自己的核武，儘管規模不大，但他們認為只要一個就足以破壞對方的軍火庫（不是要取得勝利），那就可以嚇阻對手的攻擊了。

不使用核武本身並不是項永恆的成就，而是接下來每一代元首都必須維護的條件，所有的領導人都必須要調整最具毀滅性的武器有何戰力、如何部署，以適應科技的變化，而科技變化的速度前所未見。這挑戰性很高，因為新加入的對手有不同的戰略理論、對於「蓄意造成平民傷亡」持不同的態度，而這些國家在尋求發展核子能力，嚇阻的方程式變得愈來愈分散、愈來愈不穩定。在這個戰略矛盾還沒化解的世界裡，新戰力出現了，帶來全新的複雜發展。

第一是網路衝突，放大了漏洞，擴大戰略競爭的領域，並且讓參與者獲得很多種選擇。第二是人工智慧。人工智慧可以改變傳統、核武與網路武器戰略。新科技的出現讓核武困境更複雜。

數位時代的衝突

古今中外，一國的政治影響力和軍力與戰略能力有關；所謂的戰略能力，是指不出兵但是以含蓄的方式威脅、傷害其他社會。不過，權力計算之後所得的均衡狀態並不會恆定，也不會自己延續下去；而是取決於權力的組合元素以及合理使用權力的約束。同樣地，維持均衡需要持續評估系統裡包括對手的所有成員，衡量各國的相對國力與意圖，以及侵略的後果。最後，要維護均衡，就需要一個實際上獲得認同的平衡。系統裡的成員不合比例地提升力量，強過其他參與者的話，系統就會想要調整，或許是建立制衡用的軍隊，或是接納新的現實。但如果均衡的計算不明確，或是各國對於相對國力的計算結果完全不同，則錯估導致衝突的風險就會升到最高。

在我們的年代裡，這些計算進入抽象的新境界。這種轉變包括所謂的網路武器，這種軍民兩用的民間戰力讓武器的性質很隱晦。在某些情況下，網路武器可以讓使用者完全不現身或不承認自己的能力，從而發揮戰力或強化戰力。傳統上，參與衝突的各方都可以清楚地知道衝突是不是發生了、交戰的有誰，然後計算對手的戰力，評估他們部署火力的速度。這些傳統上很可靠的資訊在網路領域裡都沒輒。

傳統武器與核子武器存在於實體空間，部署的時候可以被發現，戰力也能概算出來。相對的，網路武器的優勢就是不透明；一旦曝光，戰力就會大幅下降。網路武器針對軟體中沒有被別人發現的漏洞下手，在沒有用戶授權、允許或知情下，進入某個網路或系統中。（通訊系統的）分散式阻斷服務攻擊（distributed denial-of-service attack，簡稱 DDoS 攻擊）是發動一波看似有效的資訊需求，用來癱瘓系統，讓系統無法服務真正的用戶。在這樣的情況下，真正的攻擊來源可能經過偽裝，（當下）很難或甚至不可能確認誰在發動攻擊。最知名的工業設施遭受網路攻擊的事件，是伊朗核電廠的發電控制電腦系統受到「震網」（Stuxnet）干擾，還沒有被任何政府正式承認。

傳統武器與核子武器都是精確瞄準的目標，另外法律與道德規範也明定這些武器只能瞄準軍隊和軍事設施。網路武器可以大幅影響運算與通訊系統，往往會特別集中民用系統。網路武器可以被其他對象針對其他目的轉用、調整、重新部署。在某些方面，網路武器接近生化武器，使用後的效果會以未知的方式朝原先未定的方向擴散。在許多案例中，都曾經影響戰場上原訂目標以外的社會大眾。

網路武器的特性讓網路軍備控制的概念很難成形，也很難追求。核武軍備控制的談判人員可以揭露或記錄彈頭的類別，不必否認武器的功能。網路軍備控制的談判人員（還不存在）必須要先解決許多矛盾：網路武器的戰力是一回事，要沒收網路武器的戰力（讓對手彌補破綻）或擴散（允許對手複製攻擊碼或攻擊方式），又是另一回事。

網路的概念很模稜兩可，所以讓這些挑戰更複雜。網路攻擊、線上政戰、資訊戰有很多種形態，不同的觀察員在不同的脈絡裡取了各式各樣的名稱，包括「網路戰」、「網路攻擊」，有些評論中則說這是「戰爭的行為」。最適合的詞彙還沒定下來，用法也眾說紛紜。有些活動，例如侵入網路收集資訊，可能等同於傳統的情報收集，只是規模不同；其他攻擊，例如俄國和其他國家在社群媒體上干擾別國的選情，都算是數位政戰、不實資訊、政治干預，不過範圍和影響更勝從前。這都是因為數位科技無遠弗屆，網路平臺的涵蓋範圍又大。其他種網路行動可以像傳統的惡意攻擊一樣，造成實質影響。網路行動的本質、範圍和屬性都很不確定，所以連一些很基本的概念都值得辯論。像是衝突開始了沒？這場衝突中有誰？這場衝突中發生了什麼事？這場衝突在可能涉入的各方之間可以升高到什麼程度？照這樣看來，儘管沒有辦法明白定義網路衝突的本質和範圍，各大國現在都捲入某種網路衝突中。數位時代的核心矛盾，就是一個社會的數位能力愈強，這個社會的破綻就愈多。電腦、通訊系統、金融市場、大學、醫院、航空公司、大眾運輸系統，甚至是民主政治的機制，都暴露在不同程度的網路操作或網路攻擊危險中。比較發達的經濟體，將數位的指揮管制系統整合到發電廠和電網中，把政府專案遷移到大型伺服器和雲端系統上，把數據放入電子帳本，網路攻擊的破綻便增加了好幾倍；有許多目標在順利攻擊下都有毀滅性的結果。反之，在數位干擾的過程中，低科技的國家、恐怖組織或負責攻擊的人都可以估算出來，自己承受的損失比較小。

網路戰力與行動的成本相對低廉，而且又可以否認，所以有些國家開始運用半自主的行為者來執行網路功能。這些團體和第一次世界大戰前夕進攻巴爾幹半島的準軍事團體不同，網軍很難控制，可能會在沒有官方核可的時候就展開挑釁行動。再加上洩密的人和暗中破壞行動的人，（就算這些活動沒有升高到傳統的武裝衝突）也可以癱瘓一個國家網路的半邊江山，網域的速度和不可預測性，還有網域裡各種行為者，成分多元，都會讓政策制定者想要先發制人，避免對手發出致命一擊。

網路領域的速度和模糊都有利於攻擊，因而鼓勵了「積極防禦」和「超前防禦」的觀念，就是要干擾、杜絕攻擊。網路嚇阻的程度取決於防守方想要嚇阻什麼行為，以及成功如何衡量。最有效的攻擊，通常是在傳統定義的武裝衝突門檻內（往往不會立刻被發現或正式承認）。沒有大型的政府或非政府網路行動者，會揭露完整的網路戰力與網路活動，就連嚇阻對方行為的行動都不會公開。戰略和守則在暗地裡不確定地進化，新戰力又一直冒出來。我們站在戰略的前線，需要系統化的探索、政府和業界緊密的合作，才能確保有競爭力的安全戰力，而且適時地在足夠防備下，讓大國可以討論造成多方顧慮的限制。

人工智慧與安全動盪

核子武器的毀滅力量和網路武器的神祕，搭配上新型態的戰力，結合前幾章所說的人工智慧原則。悄無聲息，有時候試探性地，帶著清楚、明顯的力道，各國都在開發和部署人工智慧，以採取策略行動，啟動不同的軍事戰力，有可能對安全政策帶來革命性的影響。

將非人邏輯導入軍事系統與流程會改變戰略。和人工智慧一起訓練或搭配的軍隊與維安部隊將掌握內情和影響力，可以奇襲，也會造成混亂。這種夥伴關係可能會讓傳統的戰略與戰術失效，也可能會對傳統的戰略和戰術帶來決定性的強化力量。如果人工智慧經過指派可控制（攻擊型或防禦型）網路武器或戰機等實體武器，可能將迅速執行一些人類很難執行的功能。像美國空軍的 ARTUμ 已經在試飛階段就駕駛過戰機、操縱過雷達系統了。在這個例子中，開發人員設計人工智慧在沒有人類控制的情況下做出「最後的判斷」，但人工智慧的能力僅限於操縱戰機和雷達系統。其他國家和設計團隊的限制可能比較少。

人工智慧除了可能影響戰略之外，因為有單獨的邏輯可以自主運算，所以還會加上一層不可計算的特質。最傳統的軍事戰略與戰術基礎，是假設人類敵軍的行為或決策符合已知的框架，或符合經驗與傳統智慧的定義。可是人工智慧操縱著戰機或掃描目標時，依循自己的邏輯，對手可能不知道這是什麼邏輯，也無從判斷這是不是傳統的信號或虛招，而且在多數情況下，人工智慧的處理速度比人類的想法來得快。

戰爭一直都不確定，一直在應變，可是人工智慧加入之後會創造新的維度。因為人工智慧很動態，還可以因應危急情況，有些國家就算是開創出人工智慧設計的武器或人工智慧操作的武器，也不完全知道這武器有多強大，或是在特定情況下會怎麼做。若這樣東西可以察覺到人類不一定能那麼快就察覺到的環境變化，並且從中學習、變化，而且學習與應變得速度還比人類的思想更快，那我們要怎麼開發出攻擊或防衛的戰略？如果有人工智慧輔助的武器依賴人工智慧對於戰況的覺察，並且根據人工智慧觀察到的現象做出結論，有些武器的戰略效果是不是要用了才知道？如果對手祕密訓練自己的人工智慧，在衝突之外的各國元首，會知道他們在軍備競賽中是領先還是落後嗎？

在傳統衝突中，對手的心理對於戰略行動至關重要。演算法只知道自己的操作方式與目標，不懂道德與質疑。因為人工智慧有潛力可以適應遭遇的現象，當兩種人工智慧武器系統要對抗的時候，沒有一邊能清楚理解互動的結果，或波及其他領域的間接影響。

人工智慧或許只能很不精準地判斷對手的能力，以及攪進衝突裡要承受的代價。對於工程師和建造者來說，這些限制讓他們更重視速度、效果的範圍和耐受力，這些特性會讓衝突更緊繃，讓更多人感受到衝突，並且讓衝突更難預測。

同時，即使有了人工智慧，堅強的國防還是安全的前提。因為人工智慧無處不在，所以不會有任何國家單方面放棄這項新科技。但就算各國政府在加強武裝，也應該評估並試著探究要怎麼把人工智慧的邏輯加到人類的戰鬥經驗裡，才能讓戰爭更人性化、更精確，並反思這整件事情對於外交與世界秩序的影響。

人工智慧與機器學習擴大了現有武器的能力，所以會改變行為者的戰略與戰術選項。人工智慧不但可以讓傳統武器瞄準目標時更精確，也可以用不同於傳統的新方式來瞄準，例如（至少理論上）可以瞄準人或物，而不是地點。人工智慧網路武器在整理了海量資訊之後，可以學習在不需要人類發現軟體弱點的時候就突破防備。同樣地，人工智慧可以用於防衛，找出缺陷並在敵人利用漏洞之前加以修復。但因為攻擊者可以選擇目標，人工智慧讓攻擊方擁有必然且可能無法超越的優勢。

如果對手訓練人工智慧去操縱戰機、獨立設定目標、開火，那麼使用更大型武器（或甚至核武）的戰術、戰略與意願會有何變化？

人工智慧開啟了資訊領域戰力的新視野。生成型人工智慧可以創造許多真假難辨的假消息。由人工智慧促成的不實資訊或心理戰，包括使用人造的人物、圖片、影片、演講在自由社會裡創造新的罩門。許多遊行活動的照片和影片被廣為轉載，也創造出很多逼真的照片和影片，偽造公眾人物說出他們從未說過的話。理論上，人工智慧可以找到最有效的方法來傳遞這些合成的內容，針對特定族群的偏見和期待來訂製人工智慧生成的內容。如果國家元首的合成圖像經過對手變造，來煽動社會不和諧的氣氛，或發起讓人誤解的指令，大眾（或甚至其他政府與官員）能即時分辨真假嗎？

核子武器的領域裡有廣為接受的禁令，還有清楚的嚇阻概念（衝突升高的程度），但關於人工智慧的運用，這些都不存在。美國的對手正在準備由人工智慧輔助的實體武器和網路武器，根據報導，有些已經在使用了。人工智慧的力量準備要部署機械和系統，運用快速的邏輯和應變的行為來攻擊、防禦、偵搜、散播不實資訊、辨識對方的人工智慧、中止對方的人工智慧。

人工智慧的能力在進化和擴散，大國在沒有可驗證的限制之下，會繼續努力追求優勢地位。他們會預設只要有用的新人工智慧能力出現，人工智慧必然擴散、普及。由於人工智慧科技可軍民兩用，容易複製和傳播，人工智慧的基礎功能和關鍵創新一定有很大一部分是公共、公開的。人工智慧被控制的地方，那些控制措施一定會被證明不夠完美，不管是因為科技進步讓這些控制措施過時落後，或因為這些控制措施只要對方下定決心就一定能找到方法滲透。新用戶可能會為了不同的目標去調整底層的演算法。一個社會裡的商業創新，可能會被另一個社會轉用成安全用途或資訊戰用途。人工智慧發展最尖端的部分裡最具戰略意義的那些層面，會經常被政府採用，以符合國家利益。

很多人想進行網路權力平衡或將人工智慧嚇阻化為具體的概念，若真寫得出來，那也還很初期。在這些概念定義出來之前，各種規劃都很抽象。在衝突中，交戰的一方可能會想要用這種人類還不完全明白效果的武器來壓制對方的意志，會威脅對方要用上這種武器。

最具革命性也最不可預測的後果，會發生在人工智慧與人類智慧相遇之處。歷史上，備戰的國家都明白對手的準則、戰術和戰略心理學，縱使有時候理解並不完美，但多少知情，所以才能發展出對抗的戰略與戰術，以及象徵性軍事行動的溝通方式，例如攔截靠近領空邊界的飛機、讓戰艦經過有爭議的水道。可是軍隊用人工智慧來計畫或鎖定目標的時候，就算是在巡邏或衝突中順勢協助，這些原本熟悉的概念和互動可能會變得很陌生，因為軍隊要和不熟悉這種方法與戰術的人工智慧溝通，還要加以詮釋與解讀。

從根本上來說，切換到人工智慧與人工智慧輔助的武器和防備系統，會依賴一種具有強大分析潛力的智慧，在極端情況下甚至要委託這種智慧，而這種智慧則運行在一種完全不同的經驗典範上。這種依賴會帶來未知的風險以及我們無法透徹理解的風險。為此，人類操作員一定要監控人工智慧的行動，因為這種行動有可能致命。如果這個人類的角色不能避免所有的錯誤，至少能確保道德與責任的底線。

最深層的挑戰其實是哲學問題。如果戰略的各方面在概念或分析領域運作，而人工智慧可以理解這些領域，但人類的理性卻無法理解，這些戰略——不管是推演的過程、執行的範圍或最終的意義——就會變得不透明。若政策制定者得出結論，認為人工智慧協助我們抽絲剝繭，了解真相最深層的模式，我們必須得到這項資訊才能理解對手的能力與意圖（而他們也可能布建了自己的人工智慧），即時回應，那麼未來勢必會把重要決策委由機械進行。至於哪些事務可以委託機械，又要接受什麼風險和後果，不同的社會可能會有不同的限制。主要大國不應該等到危機出現才開始針對這些演變的戰略、準則與道德後果開始對話。如果選擇等待，那後果可能無法逆轉。國際間必須試著去限制這些風險。

管理人工智慧

上述問題一定要先想清楚，才能送人工智慧系統去對決。這事很急切，因為網路與人工智慧能力的戰略使用，代表戰略爭奪的戰場更大了，他們會把以前的戰場延伸到所有能接上數位網路的地方。現實的系統裡有愈來愈多領域都被數位程式控制，而愈來愈多這樣的系統，包括門鎖和冰箱，都連上網路了。這造就一個複雜無比、無遠弗屆又相當脆弱的系統。

人工智慧大國必須要追求某種程度的理解和相互克制。有些情況下，只要改寫電腦代碼，就可以輕易地在不被察覺的情況下改變系統和能力，主要國家的政府可能都以為對手願意在目前公開承認的進度之外，展開有戰略敏感度的人工智慧研究、開發和部署。從純技術面來看，讓人工智慧進行偵查、瞄準和致命的自主行動，這界線很容易逾越，要相互約束或查核也很困難，但卻十分必要。

要追求安心的保證和節制，就要和人工智慧恆動的本質抗衡。由人工智慧協助的網路武器一旦在我們的世界裡發行，便可能會開始適應並學習，能力會超越原本的目標。這項武器的能力可能會隨著人工智慧對環境的反應而變化。如果武器可以有不同的範圍或類型，和原本創造者所期待的方式不同，那麼要達成嚇阻或是在衝突升高的時候拿捏計算就是天方夜譚。為此，人工智慧可以進行的活動不管是在最初的設計階段或是在部署的階段，都需要調整，如此人類才會有保留監督系統、關閉系統、或是在系統快要脫軌時重新導向的能力。為了避免意外或災難般的後果，這樣的限制一定是相互的。

針對人工智慧和網路戰力的限制很難定義，擴散了也很難逮捕。大國所開發和使用的能力有可能落入恐怖分子和流氓單位的手中，同樣的，小國沒有核子武器，傳統武器的戰力也有限，但只要投資先進、尖端的人工智慧與網路軍火庫，就可以有過人的影響力。

不可避免地，各國會把偵測或避免網路空間入侵等不致命的祕密任務，委由人工智慧演算法來進行（有些演算法則由私人、民間組織營運）。高度靠網路連結的數位社會「攻擊面」太大，人類無法手動防禦。人類生活的許多層面都搬到網路上進行了，許多經濟體持續數位化，流氓網路人工智慧可以干擾整個社會。國家、企業、甚至個人，都應該投資於可避免故障和危害的保險措施，避免網路造成社會失能。

這種防護裝置最極端的型態，就是切斷網路連結，讓系統離線。對國家來說，斷線可能是最終極的防禦。若沒有這麼極端的作法，只有人工智慧能執行某些重要的網路防衛功能，一部分是因為網路空間遼闊，裡面可以進行無限多種可能的行動。在這個範圍裡最重要的防備能力，可能只有少數幾個國家能取得。

人工智慧運行的防衛系統之外，最讓人頭痛的就屬致命型自主武器系統，通常包括了一啟動就能自行選擇目標，不需人類介入即可交戰的系統。在這個領域裡，最重要的議題是人類監督與人類適時干預的能力。

自主系統可能「會向人類報備」，由人類被動地監控系統活動，或需要人類授權來執行某些行動。除非雙方的共識可以觀察和識別，武器系統又受到雙方限制，否則自主武器系統最終可能會在沒有人類參與的情況下，把所有的戰略和目標都打包，例如在防護邊界或和敵方對抗時達成特定結果。在這些競技場裡，一定要有人類評斷的角色，來監督或指揮武力的運用方式。這樣的限制如果只有一個國家或一小群國家單方面採用，則意義有限。科技先進的國家政府，應該要討論如何分辨對方的意圖，相互約束。

人工智慧增加先發制人和過早升高衝突的風險。擔心對手開發自動戰力的國家可能會想要先發制人：如果攻擊「成功了」就沒辦法知道到底合不合理。要避免無意間升高衝突，大國必須在可識別的限制內競爭。國際談判不應該局限於減緩軍備競賽，而是要讓雙方大略知道另一邊在做什麼。但雙邊一定要期待對方會保留最機敏的情資（並加以規劃）。永遠不會有徹底的信任。但就像冷戰時的核武談判，讓我們看到就算無法有充足的信任感，還是可以互相理解。

我們提出這些議題，是想要定義人工智慧為戰略帶來的挑戰。合約（與相伴而生的溝通、執行、確認驗證機制）定義了核武時代，但這並非勢不可免的歷史發展，這是人類行動力的產物，也代表雙方都認知到危險程度和責任。

人工智慧對民用與軍用科技的影響

過去軍用和民用的界線有三種特質：科技差異、集中控制、效果範圍。僅限軍用或僅限民用的科技通常有完全不同的應用方式。集中控制指的是政府容易管理，不會輕易散播逃離政府的控制。最後，效果範圍是指這項科技潛在的摧毀力。

綜觀歷史，許多技術都是軍民兩用的，有些可以容易地廣為散播，有些有強大的毀滅力。不過，在這之前，還沒有任何一項技術同時具備軍民兩用、容易散播且破壞力強大這三種特質。鐵道可以運送商品到市集，也可以載士兵上戰場，但是沒有破壞力；核子科技可兩用，也有強大的破壞力，但是需要複雜的基礎建設，所以政府要掌控還算相對容易；獵槍可以廣為散播，也屬於軍民兩用，但是殺傷力有限，持槍者不至於在戰略層次造成毀滅性的結果。

人工智慧則打破了先例。人工智慧顯然具備了軍民兩用的特質，也可以輕易散播，因為本質上，人工智慧就是幾行程式碼。大部分是演算法（有少數例外），只要在電腦或小網路上就可以運行，這表示政府很難透過控制基礎建設來操控這項科技。最後，人工智慧的應用可以發揮強大的破壞力。這種罕見的集合，再加上牽涉到廣大民眾，遂在戰略挑戰上帶來了新的複雜度。

由人工智慧運作的武器可能會讓敵手以超凡的速度發動數位攻擊，戲劇性地提高人類突破數位罩門的能力。因此，一個國家可能根本沒有時間去評估對手來襲的訊號，必須迅速反擊或承受失能的風險。如果這個國家有方法，就會選擇在當下同時回應，在對手全面攻擊之前，建立人工智慧運作的系統來掃描攻擊，並且讓人工智慧系統有能力反擊。對手呢，若根據回報發現對方有這樣的系統，可以在無預警的情況下行動，迅速增建和計畫，可能會發展出平行的科技或不同的演算法。除非費心發展出共同的限制觀念，人類必然不可能三思而後行，就算知道要採取睿智的行動，在這當下，想要先行動的衝動一定會讓人不智（正如二十世紀初期所示），或人類根本來不及參與這樣的決策。

在證券市場裡，所謂的計量金融公司發現人工智慧演算法可以看出股市的模式，用最快的速度下單，就算是最厲害的交易元也追不上。因此這樣的公司把部分證券的交易控制權，委由演算法進行。在許多例子中，這些演算法系統的獲利程度遠大過人類的能力。不過，演算法有時候會誤算，離譜的程度也遠超過人類犯下最大的錯誤。

在金融世界裡，這樣的錯誤會重挫投資組合，但不會致命；但是在戰略領域裡，像「閃電崩盤」這樣的演算法失誤，就會導致災難。數位領域裡的戰略國防如果需要戰術攻擊，其中一方的計算或行動若出錯，可能會意外觸發升高衝突的模式。就算想要把這些新能力整合到已經定義好的策略觀念或國際均衡裡，也不容易，因為這麼做所需要的傑出科技實力和專業能力，早就不掌握在政府手中了。政府承包商和個人投資戶、創業家、新創公司、私人研究實驗室等許多行為者和機構，都參與了塑造科技的過程，而這些科技具有戰略意涵。不是每個人都認為自己的任務和聯邦政府所定義的國家目標相符。產業、學界和政府相互教育的過程可以橋接鴻溝，確保大家都在共同的概念架構下理解人工智慧在戰略意涵的主要原則。過去很少世代要面對這麼複雜的戰略與科技挑戰，對於戰略的本質或進行討論所需要的語彙也沒什麼共識。

核武時代還沒有化解的挑戰，是人類開發出一項科技，而戰略專家找不到可用的作戰準則。人工智慧時代的困境則大不相同，很多人都可以取得、熟練並運用這項技術。相互戰略約束的成就，或甚至對約束的定義有共識，在概念上和實務上都會比以前更加困難。

為了管理核子武器，花了半世紀時間，成效還很零零落落。可是評估核武平衡的挑戰相比之下就很直接了當，彈頭可以數，爆炸力也已知。相反地，人工智慧的能力還未定，因為人工智慧一直在變化。人工智慧和核武不一樣，它很難追蹤，一旦經過訓練就可以輕易複製，以及大多在許多小機器上便可運作。要偵測到人工智慧的存在，或確認人工智慧不存在，兩者都很困難，以現代科技來說不可能辦得到。在這年代裡，嚇阻比較可能來自複雜程度——人工智慧的攻擊可以有不同的方向，人工智慧的反應速度很快。

要管理人工智慧，戰略專家一定要考慮，怎麼把人工智慧整合到國際關係中負責任的模式裡。在部署武器之前，戰略專家一定要明白使用後的反覆效果，衝突升高的可能和降低衝突的方式。負責任的戰略搭配有節制的原則很重要。政策制定者應該盡力同時注意軍備、防衛科技與戰略，進行軍備控制，而不是把新科技當作是隨著時間會愈來愈不同，且在功能上相對抗的步驟。一定要寫好準則，並且在運用武器之前就先做好決策。

約束的條件是什麼？傳統上對一項戰力施加約束，出發點都很明顯。在冷戰期間，這方法有點效果，至少有象徵性的效果。部分戰力被限制了（例如彈頭），其他戰力（例如中程導彈）直接被禁止。但不管是要限制人工智慧潛在的能力或數量，都不符合這個科技的特質，人工智慧廣為民間所用，又會持續進化。還必須研究其他限制因素，重點在人工智慧的學習和瞄準能力。

美國在一項決策中預見了這個挑戰，區分出人工智慧所操作的武器和人工智慧武器。前者讓人類發動的戰爭更精確、更致命、更有效，後者可以不需要人類操作就自主做出致命的決定。美國宣布自己的目標是要把人工智慧武器的使用限制在第一類，並期待能創造出一個世界。在這個世界裡，所有國家包括美國，都沒有第二類人工智慧武器。這樣的區分很明智。同時，科技的學習能力和進化能力會讓這樣的約束無效。定義人工智慧所操作的武器有何本質和約束的方式，並且是雙邊相互約束很重要。

在十九和二十世紀，各國發展出不同戰事的約束方式，例如禁用化學武器、避免傷及平民等等。人工智慧武器讓很多新類型的活動都有可能實踐，也讓以前的活動變得更強大，全世界的國家一定要儘快決定哪些活動符合人類的尊嚴與道德規範。安全感來自我們能期待未來的發展，不只是對現有的威脅做出反應。

人工智慧相關的武器科技帶來了困境，研究和發展的領先攸關國家存亡，如果沒有領先，就會失去商務競爭力和重要性。可是這項新科技適合散播的本質，讓很多約束的談判根本連概念都談不成。

新世界裡的舊探索

每個科技發達的大國都必須明白：自己就站在戰略轉型的門檻上，這和核武器的出現一樣重要，可是後果更多樣、會擴散得更遠、而且無法預測。每個站在人工智慧發展前線的社會，都應該把目標放在建立一個國家級的組織，來想想人工智慧的國防面與戰略面，媒合不同的產業的不同觀點，影響人工智慧的創造和布建。這個機構應該被賦予兩項職能：確保自己的國家和其他國家相比有競爭力同時，協調研發能量，找出避免衝突升級或限制衝突無謂地升級成危機。在這個基礎上，就需要和盟國與對手進行某種談判。

國際體系的矛盾之處在於：每個大國都必須追求國防安全最大化。可是，要避免一連串的危機，每個國家都必須接受某種程度的責任，來維持和平。這個過程牽涉到限制的認知。軍事規劃或國防安全的官員會去想最糟糕的情況（這麼做並沒有錯），優先重視能在最惡劣的情況中派上用場的戰力。政治人物（可能是同一人）有義務考慮如何運用這些戰力，以及用了以後，這個世界是什麼樣子。

在人工智慧的時代，長期以來的戰略邏輯應該要重新調整。我們在災難來臨前需要克服或至少緩和這股對自動化的追求。我們一定要避免人工智慧操作得比人類決策者更快，才不會逕行做出無法挽回的行動，帶來戰略後果。防禦系統在自動化的過程中，不能缺少人類的控制。這個領域本來就很模糊，再加上人工智慧恆動、突發的特性，以及傳播的便利性，都讓評估更加複雜。早期，只有少數大國或超級強國有責任抑制自己的破壞力，避免災難；很快地，人工智慧的擴散會讓更多行為者都承擔類似的任務。

這個時代的領導人可以朝著以下六個方向發展，以控制他們的軍火庫，並廣泛且動態地結合傳統武器、核子武器、網路武器與人工智慧戰力。

首先，敵對國家的領袖必須做足準備、經常對話，就像冷戰時期的元首對談，一起討論他們不想打的仗。華府和盟友為了幫上忙，應該根據共同、固有且不可侵犯的利益和價值觀組織起來，這也包括前幾個世代從冷戰結束後至今的經歷。

第二，核武戰略未解的謎團一定要重新獲得注意和應有的重視，這是人類最重大的戰略、科技和道德挑戰之一。好幾十年以來，廣島和長崎冒煙的記憶迫使大家承認核武問題很獨特，後果嚴峻。美國前國務卿舒茲（George Shultz）二〇一八年在國會裡說：「我擔心大家已經不怕死了。」擁核國家的元首，必須認知到他們有責任共同努力防止災難。

第三，網路與人工智慧能力領先的大國，應該努力定義準則和限制（不必全部公開無妨），並確定這些理論和對手的理論一致。如果嚇阻是要獲得主導地位而不是實際運用，是要維護和平而不要導致衝突，是要限制衝突的範圍而不要展開全面衝突，這些觀念就必須要清楚定義，讓大家都理解，並且反應在網路與人工智慧能力的管制上。

第四，擁有核子武器的國家，應該要承諾會對指揮管制系統與早期預警系統進行內部審查。這些避免故障的安全機制可以強化防護，避免網路威脅，和未經授權、無意或意外使用大規模毀滅性武器。也要檢查核武指揮控制系統與早期預警裝置，是否會被網路攻擊。

第五，各個國家，尤其是科技發達的國家，應該要訂定可靠和公認的方法，在高度緊張的時期和極端狀況下，盡量延長決策時間。這應該是共同的目標，尤其在敵對國家之間，這個做法可以連結短期和長期做法，管理不穩定的狀況，打造共同安全。危機時，人類必須對於是否部署先進武器扛起最終的責任。尤其是敵對國家，更應該建立共識，確保做出無法撤銷的決定是經過深思熟慮的，而且這個決定要能夠讓人類活下去。

最後，人工智慧大國應該想想如何限制軍用人工智慧的持續擴散，或者是否要在外交和武力威脅下進行系統性的防止擴散。誰會想要收購這些科技，並用於不可接受且破壞力強大的用途？哪些特定的人工智慧武器會造成這種顧慮？誰要衛護這條紅線？老牌的核武國家曾經探討過這種擴散的概念，但成敗參半。如果一項有干擾性且具備潛在破壞力的新科技，可以用來改變最不受約束的軍隊或敵意最強的軍隊，戰略均衡就很難實現，衝突也將無法控制。

由於多數人工智慧科技都屬於軍民兩用，我們有社會責任要繼續站在研發的最前線，但這同樣讓我們有義務來了解限制。等到危機出現，再來討論這些議題就太遲了。一旦用於軍事衝突，這個科技的速度絕對超越外交手段。大國之間一定要針對網路與人工智慧武器進行討論，哪怕只是為了形成共同的戰略觀念語彙，對彼此的紅線有所認識。這會讓雙方互相約束最具毀滅力的戰力。千萬不要等到悲劇發生才開始。人類在比誰可以創造出最新、最能進化的智慧武器時，若在設定限制的過程失敗了，歷史不會原諒我們的。在人工智慧的時代，持續追求國家優勢的過程中，一定要加入維護人類的倫理規範。

第六章 人工智慧與人類身分

以前很多工作只有人類才能完成，現在漸漸移交給機器了，在這樣的世代裡，人類的身分是什麼？如前幾章所探討，人工智慧會拓展我們所知的現實，會改變我們溝通、聯繫、分享資訊的方式，也會改變我們所發展和運用的準則與策略。當我們不再靠自己來探究和形塑真相，當我們徵召人工智慧來當我們的副手、輔佐我們的感官和思維，我們要如何看待自己？如何看待我們在這世上的角色？我們又要怎麼調和人工智慧與人類自主、人類尊嚴等概念？

在過去的世代，人類把自己放在故事的中心。儘管多數社會都理解到人類並不完美，還是認為人類的能力和經驗，構成了凡人在有限壽命中成就的頂點。確實，人類社會讚揚那些代表人類精神頂峰的人，說明我們希望自己成為什麼樣子。每個社會、每個年代都有不同的英雄，他們可能是領袖、探險家、投資人或是烈士，都體現了人類的成就，並且在追求成就的過程中體現人類的獨特。在現代，我們對英雄的景仰集中於那些運用理性的先驅，如太空人、投資人、創業家和政治領袖，他們探索、組織了我們的現實。

過去有很多任務，都必須依靠人類的心智才能完成或加以挑戰，但現在我們進入新時代，這些任務漸漸委託由人類創造的人工智慧來處理。人工智慧在執行這些任務的時候，產生出接近或甚至超越人類智慧的結果，挑戰了定義人類的屬性。不僅如此，人工智慧可以（根據設定的目標功能）學習、演化、進步。持續學習讓人工智慧可以獲得複雜的結果，過去這只有人類和人類的組織才有。

隨著人工智慧崛起，人類的角色、人類的願景、人類的成就等定義都會改變。這個世代會歌頌哪些人類特質？這個世代的引導方針是什麼？人類過去靠信念和理性這兩種傳統的方式來認識這個世界，人工智慧成為第三種。這項改變會驗證、在某些情況下甚至會轉變我們對於世界和人類地位的核心主張。理性不但帶來科學革命，也改變我們的社交生活、藝術和信念。在理性的嚴格檢視之下，封建社會的階級崩解了，民主崛起，代表有理性的人們可以主導自己的政府。在這些原則之上，我們建立了自我認知，而現在人工智慧要測試這些原則。

在這個現實可以被人工智慧預測和模擬的時代裡，人工智慧可以評估哪些事情和我們的生活有關、預測接下來會發生什麼、決定要怎麼做，人類理性的角色就變了。我們的個人感和社會使命也會隨之改變。在某些領域裡，人工智慧會強化人類的理性。在其他領域裡，人工智慧可能會讓人類覺得管理某個情況的主要流程和自己無關。對駕駛人來說，車輛根據無法解釋也從未明說的計算方式，選擇不同的車道或路線；有些人在人工智慧的審核之後，獲得或失去信用貸款的機會；有些應徵工作的人在人工智慧的判斷下，獲得或失去面試的機會；有些學者可能在研究還沒開始，就已經從人工智慧模型中獲得可能的答案。這樣的體驗可能很有效，但不盡然讓人滿意。人類已經習慣壟斷複雜的智慧，成為這項智慧的中心，並且根據智慧來行動，人工智慧將會改變人類對自己的認知。

我們目前所考量到的進展，都說明了人工智慧可以透過很多方式來改變我們和世界互動的方法，進而改變我們如何看待自己、如何看待我們的角色。人工智慧可以做出預測，判斷一個人會不會罹患早期乳癌；人工智慧可以做出決定，判斷西洋棋的下一步怎麼走；人工智慧可以強調和過濾資訊，例如要看哪一部電影或保留哪一項投資。人工智慧可以寫出接近人類文筆的訊息，寫幾行、寫整段或寫出一整份文件都可以。這樣的能力愈來愈複雜之後，他們很快地就會成為多數人眼中的專家或創意人。人工智慧可以做出預測或決定、可以生成某些素材，這些事實本身都不代表人工智慧和人類一樣世故。但是在很多情況下，以前只有人類才會有思考的結果，可是人工智慧產生的結果可以和人類相比，甚至比人類更優越。

以GPT-3這種生成型模型所寫出的文本為例。幾乎任何一個接受過基礎教育的人，都可以合理地把句子寫完。可是寫文件和寫程式需要複雜的技巧，人類要花很多年接受高等教育才辦得到，GPT-3做得到。完成句子這樣的任務和寫作不同，比寫作更簡單，生成型模型卻開始挑戰這項信念。「人類的能力有多獨特？有多少價值？」

隨著模型進步，人工智慧也會讓我們對這兩個問題產生新的觀點。這對我們有什麼影響？

人工智慧對於現實的看法和人類的觀點互補，人工智慧可能會成為對人類很有效的合作夥伴。在科學發現、創意工作、軟體開發和其他類似的領域裡，能和不同的觀點對話會有很多好處。但這種合作會要求人類適應不同的世界，在那裡，人類的理性並不是唯一一種理解或探索真相的方式，人類理性或許也不是見識最廣的方式。自從活版印刷問世之後，這六個世紀以來，人類經歷過許多重大轉折，但人類接下來要經歷的轉變會比過去六個世紀的轉變都還要劇烈。

我們的社會有兩個選擇：循序漸進地做出反應並適應；或有意識地展開對話，集合人類企業中的所有元素，定義人工智慧的角色——同時也定義我們自己的角色。我們如果不做點什麼，就會直接走上第一條路；第二條路則需要領袖與哲學家、科學家、人文學家和其他團體有意識地參與。

最終，個人和社會必須下定決心，想清楚要為人類智慧保留哪些生活面向，哪些事要交由人工智慧處理，哪些事則由人類和人工智慧協作。人類和人工智慧的合作不會是同儕關係，打造和指揮人工智慧的終究是人類。但是我們愈來愈習慣、愈來愈依賴人工智慧，限制人工智慧的代價就會很高，甚至還會不願意限制人工智慧，或是想限制人工智慧但技術上有困難。我們的任務是要理解，人工智慧將為人類的體驗帶來哪些轉變，對人類的身分提出哪些挑戰，哪些發展需要管制或靠其他人類的決心來制衡。要勾勒人類的未來，就必須定義人類在人工智慧時代的角色。

改變人類的體驗

對有些人來說，人工智慧的體驗會給他們力量。在多數社會裡，理解人工智慧的人雖然不多，但不斷在增加。很多人在打造人工智慧、訓練人工智慧、分配任務和管理人工智慧，另外，政策制定者與企業領袖身邊有科技顧問，對他們來說，儘管有時讓人感到吃驚，但是這樣的夥伴關係應該讓人很滿意。確實，在很多領域裡，人工智慧在醫學、生物學、化學和物理學的突破，都是專業科技超越傳統理性的經驗，而結果往往讓人很滿意。

有些人缺乏技術知識，或者以消費者身分來參與人工智慧所管理的流程，都會覺得這些流程讓人感到滿意，因為忙碌的人可以坐在自駕車裡接收電子郵件，閱讀信件內容。確實，在消費者產品裡面嵌入人工智慧，可以把比技術的好處更廣為散播。不過，人工智慧也會操縱網路和系統，而這些網路和系統不是為了單一用戶所設計開發出來的，也超越任何個人用戶的控制。在某些情況下，和人工智慧相遇會讓人倉皇失措、讓人失去力量，像是人工智慧推薦晉升或調職的人選，或是鼓勵人類去挑戰普遍的智慧。

對管理者來說，部署人工智慧有很多優點。人工智慧的決定通常和人類的決定一樣準確，或更準確，若有適當的防護，人工智慧還不像人類會有偏見。同樣地，人工智慧可能在分配資源、預測結果、推薦解決方案的時候更有效。確實，如生成型人工智慧愈來愈普遍，產生新文字、圖像、影片和代碼的能力，可能會讓這種人工智慧可以和人類一樣有效地執行任務，把以往認為需要創意的工作（如草擬文件、製作廣告）整碗端走。對於提供新產品的創業家、使用新資訊的管理人員和開創出更強大人工智慧的開發人員來說，這些科技的進步可能會強化作用力和選擇。

優化資源分配，讓決策更準確，這些都對社會很好；可是對個人來說，人的意義通常源於自主性，以及個人在行動與原則的基礎上解釋結果的能力。解釋提供了意義，有解釋才有目的。大眾都認同道德原則，並明確地加以應用，才有正義與司法。但演算法不會根據人類經驗來提供理由，對大眾說明結論。有些人，尤其是懂人工智慧的人，可能會覺得這個世界很好理解；可是對其他更多人來說，可能無法理解人工智慧為什麼會這樣做，這削弱了他們的主體性，也削弱了他們賦予世界意義的能力。

人工智慧改變了工作的本質，也可能會危及很多人的認同感、成就感與財務安全感。這些改變和可能要離開原本崗位、流離失所的不確定性，最可能衝擊到藍領階級和需要特殊訓練的中階管理階層，以及必須檢視、解釋數據或利用標準表格草擬文件的專業人士。這些改變可能不只會讓效率更上層樓，也會需要新員工，但那些被迫離開原本崗位的人（就算只是暫時的），儘管知道這都只是過渡期的暫時現象，終將提高社會的生活品質與經濟生產力，也不會得到多少安慰。有些人可能會發現自己終於不必再做苦差事了，可以專注於工作中更有成就感的部分，但有些人可能會發現他們的技能不再前瞻，甚至沒有必要。

儘管這些挑戰令人生畏，但歷史上也有前例。過去每一場科技革命都曾經取代或改變人類的工作，例如紡織機取代了工人，啟發盧德主義——參與者試圖要禁止新科技以保有原來的生活方式，如果無法禁止就加以破壞的政治運動。農業的工業化讓大量人口遷往城市。全球化改變製造業與供應鏈，兩者再引發變化，甚至社會動盪，許多社會後來才終於吸收了這些變化，整體提升。不管人工智慧的長期影響是什麼，至少在短期內，這項科技會徹底改變某些經濟領域、職業和身分。社會不僅需要為流離失所的人提供替代的收入來源，也要為他們提供替代的成就感來源。

決策

在現代，看到問題的標準反應就是去找解決方法，通常是先判斷有哪些人為因素要為原本的瑕疵負責。這個觀點給了人類責任感和作用力，而兩者都有助於我們理解自己是誰。現在，有個新的成員進入這些等式，我們原本覺得自己在各種情境中是主要的思考者與作用者，這感覺可能會被削弱。有時候，我們所有人——不管是開創、控制或只是使用人工智慧的人，都會在無意間和人工智慧互動，或是在我們沒有要求的情況下得到人工智慧找出的答案或結果。有時候，看不見的人工智慧可能會給這世界帶來一股奇妙的親和感，例如商店似乎可以預測我們何時到訪和我們的突發奇想。有時候，當機構做出影響人生但沒人能解釋的決定，例如提供就業機會、車貸和房貸，或是保全公司或執法機關所做的判斷，人工智慧就會帶來一種令人有「卡夫卡」的魔幻感覺。

在合理的解釋與不透明的決策之間，在個人與大型系統之間，在具有技術知識和權威的人與沒有技術知識的人之間，這種張力和緊綳關係並不新鮮。與以往不同的是，另一種非人類的、通常無法用人類理性來解釋的智能，現在成了這種張力的源頭。而且這種智能相當普遍，規模還很大，這點也與過去不同。缺乏人工智慧知識的人，或是不理解權威的人，可能特別想要抗拒人工智慧。有些人因為被人工智慧剝奪了自主權而感到沮喪，或害怕人工智慧的其他影響，就想要減少使用人工智慧，脫離社群媒體或其他由人工智慧中繼的網路平臺，在日常生活中（至少在自己知情的狀況下）避免使用人工智慧。

有些族群會走得比較極端，堅持「唯物、實境」而不要任何「虛擬」的一切。就像阿米希人與門諾教徒，有些人會完全拒絕人工智慧，把自己牢牢地植於一個只有信念和理性的世界裡。但隨著人工智慧愈來愈普遍，這會讓人愈來愈孤獨。事實上，甚至連斷絕聯繫最終也可能是虛幻的。社會愈來愈數位化，人工智慧逐漸融入政府和產品裡，幾乎不可能避免與人工智慧的碰觸。

科學發現

科學理解在發展的過程中，往往涉及到理論與實驗之間的巨大差距，以及大量的嘗試和錯誤。隨著機器學習的進步，我們開始看到一種新的典範，模型不再源於理論認知，不同於傳統，模型可以來自人工智慧從實驗結果中推導出的結論。這個方法需要不同的專業知識，不是去開發理論模型或傳統的運算模型。這需要的不只是深刻理解問題，也需要知道哪些數據、哪些數據的表示方式可以訓練人工智慧模型來解答。以海利黴素的發現為例，選擇哪一種化合物，哪些化合物的特性要輸入模型一方面很關鍵，另一方面又很偶然、碰運氣。

機器學習對於科學理解愈來愈重要，這又挑戰了我們對於自己的看法，以及我們如何看待自己在這個世界裡的角色。以傳統來說，科學是匯聚人類驅動的專業、直覺和洞察力，融合於頂巔。在理論和實驗長期相互作用下，人類的聰明才智推動科學探究。但人工智慧在科學探索、發現和理解中加入了非人類、不同於人類的世界觀。機器學習產生愈來愈多讓人驚訝的結果，催生新的理論模型和實驗。就像國際西洋棋專家接受阿爾法元讓人驚訝的策略，把這些策略當成挑戰，來精進自己對西洋棋的理解，許多不同學科的科學家也開始效法。在生物、化學和物理等科學領域，一種複合型夥伴關係正在出現，人工智慧讓人類可以理解和解釋新的發現。

人工智慧在生物和化學領域有廣泛的發現，另一個驚人的例子就是AlphaFold（阿爾法摺疊）。AlphaFold運用增強式學習創立強大的蛋白質新模型。蛋白質是一種大型且複雜的分子，在生物系統的結構、功能、組織與器官的調節和各種維生過程中扮演了核心的功能。一個蛋白質分子由數百（或數千）個胺基酸小單元所組成。這些小單元連接在一起形成長鏈。因為蛋白質形成的過程中有二十種不同類型的胺基酸，所以有一種表示蛋白質的常見方式就是用序列來表示，一個序列裡可能包含數百（或數千）個字元，而每個字元都來自一個「字母表」，其中有二十種字元。

雖然胺基酸序列在研究蛋白質的時候非常有用，可是這序列沒辦法捕捉到蛋白質的一個關鍵：由胺基酸鏈形成的立體結構。人們可以把蛋白質想像成複雜的形狀，需要在立體空間中組合在一起，就像一把鎖和鑰匙，以產生特定的生物或化學結果，像是疾病的發展和治療。在某些情況下，蛋白質的結構可以透過晶體學等痛苦的實驗方式來測量。可是在很多情況下，這種方法會扭曲或破壞蛋白質，讓結構無法測量。因此，從胺基酸序列來確定立體結構的能力很重要，從一九七〇年代開始，這項挑戰舊稱之為「蛋白質摺疊」。

在二〇一六年之前，蛋白質摺疊的準確性始終無法顯著提升，一直到 AlphaFold 這個新程式取得了重大進展。顧名思義，AlphaFold 翻譯為阿爾法摺疊，指這套方法是從開發人員教阿爾法元下棋的過程中得到啟發。就像阿爾法元，AlphaFold 使用增強型學習來建構蛋白質，不需要人類的專業知識，而過去的方法則依賴已知的蛋白質結構。AlphaFold 將蛋白質摺疊的準確率提高超過一倍多，從四十％提高到八五％左右，使世界上的生物學家和化學家可以重新審視他們過去無法回答的老問題，並提出新問題，來認識人類、動物、植物要對抗的病原體。AlphaFold 這樣的進步，沒有人工智慧就不可能實現，這樣的進展超越了以前在測量和預測時的限制。結果是，為了治療疾病、保護環境，並解決其他基本挑戰，科學家在學習的方式和手段上有了變化。

教育與終生學習

人工智慧的出現將改變我們的關係，包括我們和別人的關係，以及我們和自己的關係。就像現在「數位原住民」和前幾代之間存在代溝，「人工智能原住民」和他們的前輩也會有代溝。未來，比Alexa和Google Home等更先進的人工智慧助理可能會陪著孩子成長，這些助理會身兼多職：保母、導師、顧問和朋友。這樣的助理幾乎能教導孩子任何語言，並訓練孩子任何科目，還可以調整風格因材施教，讓孩子發揮所長。孩子無聊的時候，人工智慧可以充當玩伴；父母不在家的時候，人工智慧可以充當監視器。人工智慧和量身訂製的教育導入之後，人類的平均能力會提高，也會受到挑戰。

人類與人工智慧的界線模糊地驚人。如果孩子在很小的時候就獲得數位助理，他們會很習慣。同時，數位助理會跟著擁有者一起進化，在擁有者成長的過程中，內化他們的偏好與偏見。數位助理的任務就是要讓人類夥伴愈方便愈好，獲得最高的滿足感，這樣的數位助理可能會提供推薦項目和資訊，擁有者會覺得這很重要，儘管人類用戶無法解釋為什麼這些建議和資訊比其他資源更好。

隨著時間推移，人類可能更喜歡數位助理，而不是其他人類，因為其他人類對於自己的偏好沒有那麼直覺，兩個人類的偏好也可能「不一致」（因為人類有個性和欲望，每個人都不同）。因此，我們對其他人的依賴、對人際關係的依賴可能會下降。到時候，童年期間不可言說的人格特質和經驗教訓又會變成什麼呢？一台沒有感覺也沒有體驗過人類情緒（但或許可以模擬）的機器無所不在，機器的陪伴會如何影響兒童對世界的感知，以及兒童的社會化過程？會如何形塑想像力？會如何改變玩耍的本質？會如何改變交朋友和融入新環境的過程？

當然也有人持不同的意見，但我們可以這麼說，數位資訊已經改變了一整個世代的教育和文化體驗。現在這個世界要展開另一項宏大的實驗，孩子會和機器一起成長，機器還會透過許多方式擔任未來好幾代人類的教師，可是它們沒有人類的感性、洞察力和情緒。最終，這個實驗的參與者可能會問：他們的體驗，是不是用一種他們無法預期或無法接受的方式，發生了改變？

有些父母警覺到接觸人工智慧對孩子可能會有不確定的影響，所以會抗拒。就像上一代的家長限制看電視的時間，現在的家長限制使用數位裝置的時間，未來的家長可能會限制孩子使用人工智慧的時間。可是那些望子成龍的家長，或無法用人類父母與導師的時間來取代人工智慧的家長，就會支持用人工智慧來陪伴他們的孩子。因此，學習、進化、易受影響的兒童，可能是靠著和人工智慧對話來建立世界觀。

諷刺的地方在於，即使數位化讓我們可用的資訊愈來愈多，但數位化卻減少深入、集中思考所需要的空間。今天，完全不間斷的媒體素材增加思考的成本，降低思考的頻率。演算法會優先放送能攫取注意力的資訊，因為人類想要刺激，而通常能吸引注意力的內容都很灑狗血、出人意外、而且情緒高漲。個人用戶能不能在這種環境裡找到仔細思考的空間是一回事，另一回事則是：現在占據主導地位的風勢，不利於溫和論理。

新的資訊中繼站

正如第四章所述，人工智慧在逐漸形塑我們的資訊領域。為了組織人類的體驗並提供資訊，才創立了中間的傳遞機構，這些組織和機構提煉複雜的訊息，把個人應該知道的部分劃出重點，並把結果廣播出去。我們的社會分工愈來愈細，這些中間機構也細分了心智勞動，有了報紙和期刊，為公民提供資訊，我們的社會還因此設立大學來教育這些人。從那時候開始，這些機構就開始收集、提煉和傳輸資訊，並定義了資訊中繼站的意義。

現在，從金融到法律，每一項智力勞動的領域裡，人工智慧都在融入學習的過程，可是人類不一定能驗證人工智慧所呈現的東西是否具有代表性。我們不一定能解釋為什麼像抖音和YouTube等應用程式，會優先播放某些影片，冷落某些影片。另一方面，人類編輯和主播，則可以解釋（準確與否則不見得）他們選擇播報哪些內容的理由。只要人類想得到解釋，就會讓大多數不了解技術過程和機制的人失望。

人工智慧對人類知識的影響很矛盾。一方面，人工智慧的新聞中繼站可以遍覽和分析大量數據，規模之大超越了人類大腦的想像；另一方面，這種處理大量數據的能力，也可能會讓操縱資訊和訊息錯誤的問題更嚴重。人工智慧比傳統的宣傳，更有效地煽動激情。人工智慧根據個人的喜好和本能去調整內容，引起創造者或用戶想要的回應。同樣地，人工智慧新聞中繼站可能會放大原有的偏見，儘管這些人工智慧新聞中繼站嚴格來說還是由人類管控。市場競爭的態勢，會逼使社群媒體平臺和搜尋引擎，去呈現用戶覺得最非點不可的資訊。因此，用戶自認想看的資訊會被優先播出，扭曲了新聞所呈現的真相。和十九與二十世紀，技術加快資訊產生和散播的速度一樣，在現今這個年代，資訊在散播的過程中被人工智慧的映射給改變了。

有些人會尋求不失真，或至少不影響透明度的資訊過濾器；有些人會比較不同的過濾器，尋找平衡，靠自己權衡搜尋結果；有些人則完全放棄，更傾向透過傳統的人類中繼站來過濾資訊。然而，當社會中多數人接受人工智慧中繼時，不管是因為預設，或因為強大網路平臺的努力，這些想要用傳統方式自己搜尋和理解的人會慢慢發現自己跟不上時事變化的速度。他們一定會發現自己形塑真相的能力愈來愈受限。

如果資訊和娛樂都變成沉浸式、個人化且虛實合成，就像人工智慧分類的「新聞」會強化人們長久以來的信念，或是已故的演員在人工智慧生成的電影擔任主演，這個社會對歷史和當前的節目還會有共同的理解嗎？會有共同的文化嗎？如果人工智慧接受指示要掃描一整個世紀的音樂或電視節目，找出「最熱門」的表演，這是在創造還是在組裝？作家、演員、藝術家和其他創作者的工作向來被視為獨特的人類體驗，結合了真相與過去的生活歷練，他們又要如何看待自己？如何被他人看待？

嶄新的人類未來

傳統的理性仍然會存在，但這種新的、強大的、機器操作的邏輯形式，必然會對理性和信念的本質與規模帶來深遠的影響。在所有具備生命的智慧之中，人類依然位於巔峰，但智慧的發展以至於對真相的理解將不再限於人類的理性，為了理解我們在這世界上的地位，我們的重點可能需要從人類以理性為中心，轉移到人類以尊嚴與自主為中心。

啟蒙運動的特色是試圖定義人類理性，並且把人類理性和過去的人類時代相連，形成對比。霍布斯、洛克、盧梭等啟蒙運動時期的政治哲學家，從將自然現象化為理論，取出他們的概念，進而闡述人的屬性與社會的結構。反過來，領導者提出問題：人類知識如何才能集中且客觀地散播，讓啟蒙後的開明政府與人們可以繁榮下去？如果沒有如此全面地來理解人性，人工智慧時代的茫然感很難減緩。

謹慎的人可能想要限制人工智慧，把人工智慧的使用局限在離散的功能，並限制人工智慧使用的時機、地點和方式。社會或個人可能會把校長和法官的角色留給自己，把人工智慧放在輔助人員的位置上。不過，競爭態勢會挑戰這種限制的作為，前一章所提出的安全困境就是最明顯的證據。除了基本的道德或法律約束，如果對手運用人工智慧的功能提供新產品或新服務，有哪間公司會放棄研發？如果人工智慧可以讓政府官員、建築師或投資人輕鬆地預測結果和結論，他們為什麼不用這項資訊？有鑑於部署的壓力，全社會和全國際都應該要明確限制人工智慧的使用方式。

人工智慧可能在探索和管理現實世界與數位世界時採取主導地位。在特定領域裡，人類可能會遵從人工智慧，更喜歡人工智慧的流程，不受人類思維的限制。這種順從可能會促使很多人甚至大多數人，回到個別、訂製且經過過濾的世界。在這個情況下，人工智慧的力量，再加上其普遍、隱形又不透明，將讓人質疑自由世界和自由意志的前景。

在許多領域裡，人工智慧和人類會成為探索事業時平等的夥伴。因此，人類的身分將反映出人類與人工智慧和解，還有人類和真相和解後的新關係。社會將為人類領袖開拓出獨特的領域。同時，他們會開發出必要的社會結構與習慣，來理解人工智慧，和人工智慧充分互動。社會需要建立能夠與人工智慧互動的心智基礎設施，並發揮獨特的智慧，盡可能造福人類。這項技術會逼得政治和社會在許多方面——實際上是大多數方面，得加以調整和適應。

每次有新案，要部署重大的人工智慧，建立平衡都很重要，社會和領導人必須要選擇什麼時候讓個人知道他們正在和人工智慧打交道，以及他們在這些互動中有什麼權力。最終，透過這些選擇，人工智能時代的新人類身分才能體現出來。

有些社會和機構可能會漸漸適應，不過，其他人可能會發現他們基礎的假設和他們感知現實的方式衝突，也不符合他們看待自己的方式。由於人工智慧會協助教育和取得資訊，也會增加資訊被放大或被操弄的可能性，這些衝突可能會增加。個人資訊更靈通、裝備更齊全、觀點更廣泛之後，他們可能會要求政府提供更多資訊。

許多原則出現了。首先，為確保人類自主，核心的政府決策應該要從人工智慧的結構中切割出來，僅限於人類管理和監督。我們的社會裡固有的原則規定要和平解決爭端。在這過程中，秩序和合法性是相連的：沒有法統的秩序只是武力。

確保人類能監督政府的基本元素，並且有決定性的參與，政府運作才能維持合法性。例如，在司法程序裡，提供解釋和道德推論是合法性的關鍵因素，法庭結論不符合社會公認的道德原則時，參與者得以評估法庭的公正性，挑戰法庭的結論。由此可知，任何時候，當重大議題關乎社會利益時，決策者都需要符合資格、具名且能夠理解自己做出選擇的理由。

同樣地，民主必須保留人類的特質。在最基本的層面，這表示要保護民主審議和選舉的公正。有意義的深思熟慮需要的不只是發言的機會，還需要保護人類的言論不受人工智慧扭曲。自由的言論需要為了人類延續下去，但不及於人工智慧，如第四章所述，人工智慧有能力產出大量高品質的假消息，例如深度偽造技術（deep fakes），這種假消息很難和真的影片或真的錄音區隔開來。儘管自動化的人工智慧言論是在人類的指示下創造和部署的，但重要的事，讓我們可以理解如何區別人工智慧言論與人類真實的言論。人工智慧中繼站應該避免傳遞假消息和不實資訊，這些都是刻意捏造的錯誤和虛偽資訊，要規範固然很難，但是很重要。在民主國家，言論讓公民可以透過寫小說、詩詞、創作藝術等行為來分享相關資訊，追求自我實現。人工智慧所產出的錯誤主張可能很接近人類的語言，可是只會掩蓋或扭曲人類的言論。因此，那些會創造不實資訊的人工智慧要禁止散播，這樣可以幫助保留言論，進而守護審議的過程。兩個公眾人物若從未見過面，卻有一段人工智慧產生的對話，這算是不實資訊？娛樂內容？還是政治調查？這個答案是取決於對話的脈絡還是參與對話的人？個人有沒有權利在未經許可的情況下不被模擬現實所代表？如果授權了，人造表達會更真實嗎？

每個社會都必須先確定各領域裡允許和不允許人工智慧的全部範圍。存取通用人工智慧等特別強大的人工智慧，需要格外嚴謹的防護，避免濫用。由於建構通用人工智慧的成本可能很高昂，可能建成的沒幾個，存取也有限。某些限制可能違反社會中自由企業制度與民主程序的概念。其他限制如人工智慧不得用來製造生化武器，應該很容易達成共識，但需要國際合作。

在我們撰文的此刻，歐盟提出監管人工智慧的計劃綱要，希望能平衡隱私與自由等歐洲價值與經濟發展的需求，並支持歐洲的人工智慧公司。中國動用國家資本大量投資人工智慧，包括監控用途；而在美國，人工智慧的研發基本上是由民間企業進行。歐洲和中、美的規範就很不同。歐盟的目標是駕馭政府和企業使用數據與人工智慧的方式，促進歐洲成立更多人工智慧公司，還能好好成長。監管的框架包括對於人工智慧不同用途的風險評估，並限制和甚至禁止政府使用高風險科技，如臉部辨識（儘管臉部辨識有些有益的用途，例如尋找失蹤人口、打擊人口販運）。這絕對會需要廣泛討論、辯證，初步的概念也需要修正，可是歐盟開先例表示社會可決定限制人工智慧範圍，相信可以靠規範提升生活方式和未來。

漸漸地，這些作為會形成制度。在美國，學術團體和諮詢機構已經開始檢視現有流程、架構與人工智慧崛起這兩者間的關係了。其中包括學界的努力，如麻省理工學院倡議要重視未來的工作，還有政府成立人工智慧國家安全委員會。有些社會可能會完全放棄分析，就會比較落後，因為其他的社會願意提問，並且提早調整自己的機構；或者，如我們在下一章所論，有些社會將建立全新的機構，進而減少流離失所的狀況和人數，把人工智慧能提供的物質與智能優點發揮到最大。隨著人工智慧的發展，建立這樣的機構將至關重要。

對現實與人性的感知

由人工智慧所探索發現的現實，或在人工智慧協助下所探索發現的現實，可能經過證明後會和人類的想像很不同。現實可能是我們從未發現或無法以概念理解的模式，現實的底層結構被人工智慧滲透之後，可能單用人類的語言無法表達。如我們的一位同事在觀察阿爾法元時所說，「從這樣的例子可以看出，有些理解方式人類的意識得不到。」

為了描繪最前端的當代知識，我們或許會讓人工智慧去探究我們無法進入的領域，人工智慧可能會回報我們無法充分理解的模式或預測。諾斯底主義哲學家預言有一種內在現實超越了人類一般的體驗，可能以後很重要。我們會發現自己離純粹知識的概念更近一步，不再受到思維結構和人類傳統思維模式的限制。我們不僅要重新定義我們的角色，即人類不是唯一知道真相的物種，我們還必須重新定義我們以為自己在探索的真相。就算真相沒有讓我們困惑，人工智慧的出現也可能改變了我們和真相互動，以及我們和彼此互動的方式。

人工智慧愈來愈普及，有些人可能會認為人類比過去任何時刻都更有能力可以理解和組織周圍的環境。有些人可能會說，我們的能力沒有自己所想的那麼熟練。像這樣對於我們自己和我們所處的現實重新定義，將改變基本的假設，進而改變社會、經濟和政治安排。中世紀有神的形象、有封建社會、農耕模式、對王位的崇敬、還有高聳的大教堂尖頂。理性的時代有「我思故我在」、對新地平線的追求，對個人與命運的社會觀也有全新的主張。人工智慧的時代還沒有定義出組織原則、道德理念，也沒有對企圖心與限制加以定義。

人工智慧的革命將會很快發生，超乎多數人類的期待。除非我們發展出新的理念來說明、詮釋、組織接下來的轉變，否則我們就還沒準備好要探究人工智慧與人工智慧的意涵。就道德、哲學、心理、實務來說，在各方面我們都可以看到自己處於新紀元的邊緣。我們一定要利用自己最深層的資源，也就是理性、信仰、傳統和技術，來調整我們和現實的關係，讓現實能保持人性。

第七章
人工智慧與未來

十五世紀歐洲印刷術進步所帶來的變化，和人工智慧時代所帶來的挑戰相比，具有歷史和哲學意義。在中世紀歐洲，知識很崇高，書籍卻很稀少。單獨作者創造出文獻或在百科全書裡編纂事實、圖例與宗教教誨。可是這些書很寶貴，只有少數人能看。多數體驗都是透過生活方式而得，多數知識靠口述。一四五〇年，德國美茵茲的金匠約翰尼斯．古騰堡（Johannes Gutenberg）用借來的錢創造一種實驗性的印刷機。因為生意失敗，還被債權人控告，讓他差點沒辦法成功。可是到了一四五五年，歐洲第一本印刷書《古騰堡聖經》問世了。最終，他的印刷術帶來一場革命，影響西方社會的每個領域，最後影響全球的每個領域、人生的每個面向。到一五〇〇年，全歐洲約有九百萬冊印刷書籍在流通，每本書的價格暴跌。《聖經》不但以日常生活的語言（而非拉丁文）廣為流傳，歷史、文學、文法和邏輯領域的經典作家作品也開始擴散。

在印刷書籍出現之前，中世紀歐洲人主要透過社區傳統，例如參與收割和季節循環，累積民間智慧，在宗教場所遵守聖禮、鞏固信仰，或加入行會，來獲得知識，學習各行所需的技能，進入個別的網絡。若獲得新資訊，或是有新的想法出現（國外來的新聞、創新的農耕技術或機器發明、沒聽過的神學解釋），就會進入社區口耳相傳，或是手工抄寫手稿。

印刷書籍愈來愈容易取得之後，人和知識的關係就變了。新資訊和新想法可以快速散播，頻道愈來愈多元。人可以找到對他們特別有用的資訊來自學。只要檢查原文，當時的人就可以探究公認的真理。那些信念堅定、可以獲得適度資源、找到金主的人，就可以出版自己的見解和詮釋。數學和科學的進展都可以快速在整片大陸擴散。交換冊子變成一種解決政治爭端的方法，被眾人接受，政治爭端也會交織著神學爭端。新思想的傳播往往不是推翻當時的秩序，就是從根本重塑現有的秩序，導致宗教改革、政治革命（調整國家主權的概念）和科學的新解釋（重新定義真相的概念）。

今天，一個新紀元在向我們招手。在這個新紀元裡，同樣地，科技會改變知識、發現、溝通與個人的想法。人工智慧不是人，它不會禱告、沒有願望或感受，也沒有覺知或反省的能力。人工智慧是人類創造出來的產物，在人類創造的機器上反映了人類設計的流程。

可是在很多情況下，人工智慧能以很厲害的速度和規模產出結果，而且成效很接近人類，過去只有透過人類的理性才能有這樣的結果。有時候，人工智慧的成果讓人震驚。因此，人工智慧可能會揭露某些關於現實和真相，比我們所想像的更戲劇性。徵召人工智慧當夥伴來擴大技能，或追求想法的個人和社會，或許有能力可以在科學、醫學、軍事、政治和社會等領域達成偉大的成就，讓過去的時代相形見絀。然而，接近人類智力的機器一旦被當成關鍵，有這個機器就能有更好、更快的結果，只靠理性就會顯得過時。定義了新紀元之後，運用人類個體的理性可能就有不同的重要性了。

十五世紀歐洲的印刷革命產生新的想法和論述，既打破原有的生活方式，也豐富了原有的生活方式。人工智慧革命也會做出類似的事情：存取新資訊、產生重要的科學與經濟發展，從而改變世界。可是人工智慧對於論述的衝擊就很難判斷了。人工智慧協助人類遍覽龐大的數位資訊，將會為知識和理解打開前所未見的視野。或者，人工智慧在大量數據中發現的模式可能會產生一系列的準則，成功地被洲際和全球網路平臺接受，成為正統。這樣一來，會削弱人類質疑、提問的能力，而這股能力定義了當今的時代。此外，人工智慧可能會讓某些社會和網路平臺社群在理解真相與現實的時候，被導向不同的分支，互相牴觸衝突。

人工智慧可能會讓人類更好，但如果布建失當，可能會讓人類更糟。人工智慧的存在這項事實就已經挑戰了基本假設，並且在某些情況下超越基本假設。在這之前，只有人類才發展出對現實的理解，這個能力定義我們在世界裡的地位、我們和世界的關係。在這基礎上，我們讓哲學理念更細緻、設計了政府和軍事策略、發展出道德規範。現在人工智慧已經揭示：真相可以透過不同的方法得知，或許是更複雜的方式，單憑人類無法理解的方式。有時候，人工智慧的成就或許很驚人，也讓人感到茫然，就像那些最具影響力的人類思想家在全盛時期所取得的成就一樣，他們產出大量的見解，挑戰當時的觀念，這些都需要反思。更常見的情況是，人工智慧是隱形的，嵌入在不稀罕的東西裡，微妙地用我們直覺認為很合適的方式，來形塑我們的體驗。

我們必須認知到人工智慧的成就，在被定義好的參數內，有時候可以和人類的成就相提並論，甚至排名更高。我們可以不斷安慰自己：人工智慧是人造的，人工智慧沒有我們對現實的意識體驗，也比不上我們的意識體驗。可是當我們遇到某些人工智慧的成就，如合乎邏輯的偉業、技術突破、策略洞察和細緻精密地管理大型複雜系統，顯然我們見證了另一個複雜實體對於現實的體驗。

在人工智慧的輔助下，新的地平線在我們面前展開了。過去，我們思維的局限限制了我們收集和分析數據的能力、過濾和消化新聞與對話的能力、在數位場域裡進行社交互動的能力。人工智慧讓我們可以更有效地駕馭這些領域。人工智慧能找出傳統演算法找不到的資訊，發現傳統演算法無法識出的趨勢——傳統演算法至少沒有這麼俐落、有效率。在這麼做的時候，人工智慧不但拓展了物質現實，也拓展、組織了蓬勃發展的數位世界。可是，同時間，人工智慧會增也會減。我們逐漸理解到，人工智慧加速侵蝕人類的理性：社群媒體吞噬反思的空間，線上搜尋減少了將抽象想法化為具體概念的動力。人工智慧以前的演算法很擅長為人類送來「會上癮」的內容，人工智慧在這方面很厲害。自願退出這些數位領域的成本在增加，人工智慧對於人類思維的影響力也在成長，此處所指的人類思維包括了說服力、掌舵力和轉向的能力。因此，個別人類在審查、測試和理解信息方便的作用降低了，在這些地方，人工智慧的作用擴大了。

浪漫主義者主張人類情緒是有效的，而且確實是重要的資訊來源。他們認為主觀的體驗就是一種真相。後現代主義者把浪漫主義的邏輯又向前推進一步，求問過濾主觀經驗有沒有可能得出客觀真相。人工智慧把這個問題帶得更遠，可是推導出矛盾的結果。人工智慧將掃描深層的模式，找出新的客觀事實，如醫學診斷、工業災害或環境災難的早期跡象、隱約的安全威脅等。可是在媒體、政治、論述與娛樂的世界裡，人工智慧將重新塑造資訊來符合我們的偏好，這可能會確認和強化我們的偏見，同時讓人更難取得客觀事實，或對客觀事實達成共識。這即是說，在人工智慧的時代裡，人類的理性會被增強也會被減弱。

隨著人工智慧被織入日常生活的紋理中，擴大這種生活，加以改變，人類也會有互相衝突的衝動。面對非專業人士無法理解的技術，一些人可能會想要把人工智慧的聲明當成準神聖的判斷。這樣的衝動，雖然是受到誤導，可是還算合理。這個世界裡，若有一種智慧超越了人類的理解或控制，這個智慧能得出有用但不尋常的結論，尊崇它的結論蠢不蠢？在這種邏輯的刺激下，這個世界可能又會變得奇幻，人類把人工智慧的聲明奉為神諭，有些人會深信不疑地順從。

尤其是通用人工智慧，個別人類可能會察覺到神仙才有的智慧——用超人的方式認識世界，以直覺引導世界的架構和可能性。

可是順從會侵蝕人類理性的規模和範圍，引起反彈。就像有些人選擇不用社群媒體、限制孩子使用數位裝置的時間、拒絕基因改造過的食物，他們也會想要選擇離開「人工智慧的世界」，或限制自己接觸到人工智慧系統的程度，為自己的理性爭取、保留一些空間。在自由國家，這樣的選擇或許有可能，至少他們可以為自己或家人做出選擇。可是一定會有代價。拒絕使用人工智慧，不僅意味著放棄自動駕駛和推薦影片等便利性，還代表要放棄大量數據、網路平臺、醫療保健和金融服務等領域的進步。

對整個文明來說，放棄人工智慧根本不可行。領導者將不得不面對科技的影響，他們對於科技的應用承擔了重責大任。我們迫切需要一種倫理學，來理解甚至引導人工智慧的時代。可是這項任務不能託付給單一的學科或領域。開發出這項科技的電腦科學家和企業領袖、想要布署人工智慧的軍事策略家、想要形塑人工智慧的政治領袖、想要探究人工意義更深層意義的哲學家與神學家都只看到了片面。所有人都應該不帶預設立場來參與交換意見的過程。

在任何路口，人類總會有三種主要的選項：限制人工智慧、和人工智慧當夥伴、或服從人工智慧。這些選擇會定義人工智慧可應用於哪些特定的任務或領域，反映出哲學和食物的面向。例如，在航空公司和汽車發生緊急狀況的時候，人工智慧的副駕駛應該聽從人類的話嗎？還是要反過來？對每一種應用來說，人類必須要制定計劃。

在某些情況下，計畫會進化，人工智慧的能力與人類測試人工智慧結果的協議也會進化。有時候順從才適當，如果人工智慧可以比人類更早、更準確地從乳房攝影中發現乳癌，那麼使用人工智慧就可以救命。有時候，和人工智慧當夥伴最好，就像自駕車會和現在的飛機自動駕駛一樣。不過某些時候，特別是在軍事環境下，嚴格、定義明確、容易理解的限制最重要。

人工智慧將改變我們接觸知識的手段、我們認知的方式，甚至會改變可知的事情有哪些。知識就是人類透過收集數據、檢驗數據後經過觀察後推導得出的見解，現代社會很重視知識。在這個時代裡，理想的真相類型就是可經過測試驗證的單一命題。可是，人工智慧年代裡，人類和機器合作後產出的知識概念地位會提升。我們（人類）聯手可以創造和執行（電腦）演算法，來檢驗更多數據，速度更快、更系統性，還會用上不同的邏輯，人類心智都辦不到。有時候，這種結果會揭露世界的屬性，可能超越了我們的概念，這得要等我們和機器合作才能懂。

人工智慧已經超越人類的感知能力，在某種意義上，演算法和運算能力實現「時空旅行」或壓縮了時間，原本靠人類的心智要好幾十年或好幾百年才能完成的分析和學習，有了演算法和運算能力就不需要那麼久了。在其他方面，時間和運算能力甚至不足以描述人工智慧的功能。

通用人工智慧

人類和人工智慧從不同的觀點接近同樣的現實，會有互補的優勢嗎？還是我們是感知到了兩個不同但部分重疊的現實？一個是人類可以透過推理來闡述的現實，另一個是人工智慧可以透過演算法來闡述的？如果是這樣，那麼人工智慧感知到我們感知不到或無法感知到的東西，不只是因為我們沒有時間推理，也因為這些事情存在於人類心智無法以概念理解的領域裡。人類一直在追求充分理解這個世界，如今這項追求將會生變，我們可能需要委託人工智慧來幫我們取得知識，並匯報結果，才能實現某些知識。認知到這點會讓人感受很強烈、很複雜。不管是哪一種情形，人工智慧追求的目標愈來愈豐富、愈來愈廣泛，對人類來說會愈來愈像一個結合了工具、寵物和思想等角色，體驗世界、認識世界的「同伴」。

在研究人員接近或獲得通用人工智慧的過程中，這樣的謎團只會愈來愈深。如第三章所述，通用人工智慧不限於學習和執行特定的任務，而是根據定義所顯示的，通用人工智慧可以學習和執行各種任務，範圍遼闊，就像人類一樣。開發通用人工智慧將需要龐大的運算能力，所以只有少數資金充裕的組織才能創造出來。就和現在的人工智慧一樣，儘管通用人工智慧可能已經可以分配出去了，但有鑑於能力強大，通用人工智慧的應用必須要受限。限制的方式可以是只有授權的組織才能操作。這樣問題就變成：誰來控制通用人工智慧？誰能獲得存取的權限？在這個世界裡，如果少數「天才般的」機器由少數組織控制，民主還可能實現嗎？在這些情況下，和人工智慧建立的夥伴關係會是什麼樣子？

如果通用人工智慧出現了，那會是智能、科學與策略上的一大成就。可是就算沒有通用人工智慧，人工智慧也能徹底顛覆人類的事務。

人工智慧恆動的性質以及臨機應變的能力，也就是面對突發行動能即時產出解決方案的能力，和以前的科技非常不同。人工智慧若沒有受到管制和監督，就會偏離我們的期待，接下來會偏離我們的意圖。要限制人工智慧、和人工智慧合作或聽從人工智慧的決定，不會單方面由人類決定。在某些情況下，是由人工智慧定奪；在其他情況下，則是由輔助力量決定。人類可能會加入一場比爛的競賽。人工智慧將流程自動化，允許人類探測大量數據，組織與重新組織物質世界與社交世界，優勢可能是先搶先贏。競爭可能會逼使大家在沒有足夠時間來評估風險，或是無視風險的情況下，就布署通用人工智慧。

人工智慧倫理觀念非常重要。每個單獨的決定——要限制、合作或聽從，都可能會產生戲劇性的後果，也可能不會，但結合在一起，這些後果就會被放大。這些決策都不能獨立決定。如果人類要形塑未來，就需要同意這些共通的原則，引導每一個選擇。集體行動很困難，有時候簡直不可能完成，可是每個單獨的行動，若沒有共同的倫理觀念來引導，就只會放大不確定性。

那些設計、訓練人工智慧以及和人工智慧搭檔的人，將會有能力可以完成大規模且相當複雜的目標，以前像是新的科學突破、新的經濟效率、新的安全形式、社會監控管制的新面向等，都只有人類辦得到。在拓展人工智慧與用途的過程中，沒有這些作用力的人可能會覺得自己被監看、被研究、被左右，他們不但不理解人工智慧，也沒有參與設計和選擇的過程。這股力量在不透明的環境裡作業，很多社會都不能容忍傳統的人類或機構做出這種事情。設計和布建人工智慧的人應該要做足準備，面對這些顧慮，最重要的是要向非技術人員說明人工智慧在做什麼、「知道」什麼，又是如何得知的。

人工智慧恆動與臨機應變的特質，在至少兩個方面產生了模糊性。第一，人工智慧可能會如我們預期般操作，可是產生我們無法預見的結果。有了這些結果，人工智慧可能會把人類帶到人工智慧創造者沒有預料到的地方。就像一九一四年各國元首沒有認知到軍事動員的邏輯搭配上新科技，會把整個歐洲都捲入戰爭一樣，沒有深思熟慮就部署人工智慧，後果可能會很慘。有些影響比較局部，像是自駕車可能做出危及生命的決定；有些影響很重大，像是浩大的軍事衝突。第二，在某些應用程式裡，人工智慧可能無法預測，但行動完全出人意表。以阿爾法元為例，因為接收「在西洋棋局獲勝」的指令，於是發展出一種玩法，這是數千年的西洋棋歷史中人類從沒想到的玩法。雖然人類可能會謹慎地明定人工智慧的目標，但是當我們賦予人工智慧更大的自由時，人工智慧實現目標的路線可能會讓我們驚訝或擔憂。

因此，人工智慧的目標與授權方式需要謹慎設計，尤其是在其決策可能致命時。人工智慧不應該被當成自動的，也不應該被允許在沒有人監督、監控或直接控制的情況下，採取無法撤銷的行動。人工智慧是人類創造的，應該由人類來監督。但是在我們的時代，人工智慧的挑戰之一，就是創造人工智慧所需的技術和資源並不見得符合哲學觀點，可理解人工智慧更廣闊的意涵。對許多創造人工智慧的人來說，他們主要關心的是，他們想要啟動的應用程式以及他們想要解決的問題，他們可能不會停下來想想，他們手上的解決方案會不會催生歷史革命，或他們的科技會如何影響不同的人群。人工智慧時代需要自己的笛卡兒、自己的康德，來解釋正在被創造出來的一切，以及這些東西對人類的意義。

有政府、大學和民間企業創新人員參與的理性討論與協商，目標應該是限制實際行動，就像現在規範個人與組織行動的限制一樣。人工智慧和一些受監管的產品、服務、科技與實體有相同的屬性，可是又有根本的不同，缺少自己一套定義完整的概念和法律框架。例如，人工智慧會進化也會臨機應變的特性帶來監管上的挑戰，人工智慧在世界上運行的內容和方式也可能會因領域而異，而且隨著時間推移而變化，還不見得能夠預測。治理民眾需要倫理來引導。人工智慧需要一種自己的倫理，得以不僅反映科技的本質，也反映它帶來的挑戰。

現有的原則往往不適用。在信仰的年代裡，法庭在審判的過程中判定被告是否有罪，被告則面臨著審判，據信上帝會決定哪一方獲勝。在理性時代，人類根據理性的規則來定罪，並根據因果關係和意圖等概念來確定罪責和刑罰。可是人工智慧不會按照人類理性來運作，也沒有人類的動機、意圖，更不會自我反省。因此，導入人工智慧會讓現有適用於人類的司法原則更複雜。當一個自主的系統有自己的覺察和決定，在這基礎上運作，人工智慧的創造者要承擔責任嗎？還是說人工智慧的行為獨立於創造者，所以以罪責來說，兩者要切割開來討論？如果能將人工智慧運用於監測犯罪行為，或協助判斷有罪或無罪，為了讓人類官員採用這些結論，人工智慧要「解釋」這些結論是如何得出的嗎？

科技發展到什麼階段或是在什麼脈絡下，應該受到國際協商出來的限制，這是另一個重要的辯論主題。如果太早開始管制，可能會阻礙科技發展，或鼓勵某些人隱藏人工智慧的能力；如果過晚才管制，尤其是在軍事情況裡，可能會有破壞性的後果。要建立一套有效的系統來驗證飄渺、不透明又容易傳播的科技很困難，讓這個挑戰更加複雜。官方談判代表必然是政府，可是需要為科技專家、倫理學家、創造和營運人工智慧的公司，以及其他領域的人建立論壇。

對社會來說，人工智慧帶來的困境很深遠。如今，我們的社會和政治大多依靠人工智慧實現的網路平臺，尤其是民主國家，依賴這些資訊空間來進行辯論和論述，形成公眾輿論，並賦予輿論合法性。科技的角色應該由什麼人或什麼機構來定義？誰來監管？使用人工智慧的個人要扮演什麼角色？生產人工智慧的公司呢？布建人工智慧的政府呢？要解決這類問題，我們應該要讓人工智慧可以審計，也就是說，人工智慧的流程和結論應該要能夠檢查，也可以糾正。有些原則可以對人工智慧的感知與決策形式做出回應，這些原則闡述清楚，就能制訂出糾正人工智慧的措施。在一個人工智慧全自動的世界裡，道德、意志甚至因果關係，都無處可容身。這些問題可能會有不同的版本，出現在社會的其他元素裡，包括交通、金融和醫療。

想想人工智慧對社群媒體的影響。這些平臺不斷創新，成了社群生活的主要場所，許多社交活動都在平臺上舉行。如第四章所說，推特和臉書依賴人工智慧所強調、限制或禁止的帳號和內容，都證明了平臺的力量。其中，使用人工智慧來單向且不透明地推廣或刪除部分內容與概念，對民主國家日漸構成挑戰。我們的社會和政治生活愈來愈轉向由人工智慧策劃，我們只能依靠人工智慧管理才能遍覽這些領域，我們還有可能保留自己的作用力嗎？

人工智慧在遍覽海量資訊的時候，也帶來了訊息扭曲、失真的挑戰，因為人工智慧會優先呈現人類本能偏好的世界。在這個領域裡，人工智慧容易放大我們的認知偏見，也會讓我們依照偏見來產生共鳴。有了迴響，加上選擇和過濾的力量帶來多重選擇，不實資訊就會激增。社群媒體公司推播新聞內容不是為了造成政治上極端和暴力的分化，可是不用說也看得出來，這些服務並沒有將啟蒙後的論述推廣到極致。

人工智慧、自由資訊和獨立想法

那麼，我們和人工智慧的關係應該如何？人工智慧要被限制、被賦權，還是要和人類搭檔來管理某些空間？某些資訊，尤其是刻意錯誤資訊的散播，會煽動、破壞、分化社會，這無須爭議。有些限制很必要，不過人們現在如此迅速地譴責、打壓有害訊息，也應該要引起大眾反省。在自由社會裡，「有害」與「不實資訊」的定義不應該是一間企業說了算。如果這些事情委託給一個政府小組或機構，這個組織應該要根據明確定義的公共標準來運作，採取可驗證的程序，以避免當權者濫用。如果這些事情是委託人工智慧演算法來進行，那麼演算法的目標函數、學習方式、決策和行動都要很清晰，並且接受外部審查，而且至少要能讓人類上訴。

當然，不同社會有不同的答案。有些可能會重視自由言論，可能因為這些社會對個人表達的理解不同，所以做法不同，而限制了人工智慧調整、修正內容的角色。每個社會都會選擇自己最重視的價值，或許會導致這些社會和跨國網路集團營運商的關係很複雜。人工智慧有很多孔隙，我們在設計和形塑人工智慧的時候，它就開始向人類學習了。因此，不但每個社會的選擇不同，每個社會和人工智慧的關係、對人工智慧的感知也不同，人工智慧模仿人類導師、向人類導師習得的模式也不會一樣。然而，對事實和真理的追求不應該引導社會去透過濾鏡來體驗生活，更何況這濾鏡的輪廓還不為人知、無法測試。現實的自發體驗，不管多矛盾、多複雜，對人類來說是很重要的一部分，就算有時候會沒有效率，甚至有時候會出錯也一樣。

人工智慧與國際秩序

全球有無數問題需要答案。人工智慧網路平臺要如何監管，才不會讓國家擔心安全受到影響，而引發國際間的緊張？這樣的網路平臺會不會侵蝕傳統的國家主權觀念？網路平臺帶來的改變會不會分化這個世界，比蘇聯垮臺時更嚴重？小國會反對嗎？若想要調節這些後果，能成功嗎？有成功的希望嗎？

人工智慧的能力愈來愈強，界定人類與人工智慧的夥伴關係就愈來愈重要、愈來愈複雜。大家可以設想這樣的一個世界：在許多重要的問題上，人類愈來愈服從人工智慧。若對手成功地部署了人工智慧，為了抵禦人工智慧的攻擊，領導者能夠負責任地決定不部署自己的人工智慧嗎？即使他們不確定部署之後會有什麼變化。如果人工智慧擁有卓越的能力，可以推薦行動方案，即使這個行動方案會需要付出某種程度的犧牲，政策制定者可以合理地拒絕嗎？哪個人類能知道這樣的犧牲是不是致勝的關鍵？如果真的是，政策制定者真的會想要拒絕嗎？換句話說，我們可能別無選擇，只能栽培人工智慧，但我們也有責任要用一種和人類未來兼容的方式來塑造人工智慧。

不完美是人類體驗中持續最久的特質之一，尤其是領導方式的不完美。政策制定者的顧慮往往都很狹隘，注意力一下子就分散掉了。有時，他們根據有瑕疵的假設來行動。其他時候，他們完全根據情緒來行動；還有些時候，意識型態扭曲了他們的視野。不管用什麼策略來建構人類與人工智慧的夥伴關係，領導階層都必須適應。如果人工智慧在某些領域展現出超人的能力，人工智慧的用途一定要能融入不完美的人類環境。

在安全領域裡，人工智慧系統反應敏捷，所以對手可能會在這個國家的系統可以開始營運之前便發動攻擊，結果造成一種本質上非常不穩定的局勢，堪比核武所帶來的影響。不過，核武在一個由各國政府、科學家、戰略家和倫理學家，花費數十年所發展出來的安全與軍備控制國際框架中改進、辯論和談判，而人工智慧和網路武器都沒有類似的框架。事實上，政府可能不願意承認人工智慧和網路武器的存在。各國——或許還包括科技公司——需要針對人工智慧成為武器後要如何共存，達成共識。

人工智慧通過政府國防擴散，會改變國際平衡，這個均衡態勢是經過計算，才能在我們的年代撐下來。核武造價高昂，不過因為其大小和結構，很難隱藏；可是人工智慧是在電腦上運作，而電腦已經隨手可得了。訓練機器學習模型需要經驗和演算資源，創造人工智慧則需要大公司或大國家的資源。由於人工智慧的應用程式可以在比較小型的電腦上運行，所以人工智慧可以被我們料想不到的方式廣泛應用。最終，只要有筆記型電腦、連上網際網路，可以在暗網裡通行的人，就可以使用人工智慧武器嗎？政府會不會授權和政府只有一點點關聯或完全不隸屬於政府的行為者，運用人工智慧騷擾對手？恐怖分子會以資訊工程發動人工智慧攻擊嗎？他們能把這些攻擊嫁禍給其他國家和行為者嗎？

外交過去只發生在有組織、可預期的領域裡，需要大量資訊和行動。以前由地理和語言所劃出來的尖銳界線會持續消失。人工智慧翻譯會促進對話，不受到語言學習帶來的文化熟悉感影響。人工智慧網路平臺會促進跨境交流。此外，駭客攻擊和不實資訊會繼續扭曲人們的看法和評價。複雜性提高了，要制定可執行的協議，來獲得可預期的結果就更難了。

把人工智慧功能移植到網路武器上，會讓這困境更深刻。人類當初是把傳統武力（可和傳統策略協調的武器）和核武（傳統戰略不適用）生硬地區隔開來，迴避了核武的矛盾。核武會造成大規模的無差別破壞，而常規軍力則是有針對性的。然而，網路武器既有針對性，又能造成大規模毀滅，消除了其間的差異。搭配人工智慧之後，這些武器就更無法預測，而且毀滅力更強。同時，人工智慧網路武器在網路中移動時，屬性就更不明確了，也不會被偵測出來。網路武器和核武不同，只需要一個隨身碟就行了，還很容易擴散。在某些情況下，一旦完成部署，就很難控制，因為人工智慧的本質恆動，還可以隨機應變。

這種情況挑戰了以規則為基礎的世界秩序，而且還提出一個急迫的難題：要發展出對人工智慧進行軍備管制的概念。在人工智慧時代，無法依照歷史規則來運作嚇阻力，甚至可說根本不可能。在核子時代剛開始的時候，哈佛大學、麻省理工學院、加州理工學院領頭的教授（有政府經驗），一起發展出管制核武軍備的概念框架，經過討論得出實情，建立了架構（由美國和其他國家來實踐）。儘管學者的想法很重要，但這個架構是和美國國防部的常規作戰分開進行的，是在原本的觀念上新增，不是去調整原本的觀念。可是人工智慧的潛在軍事用途比核武更廣泛，而且至少目前攻擊和防守還無法明確劃分開來。

在這樣複雜且根本無法計算的世界裡，人工智慧還會造成另一種誤解和犯錯的機會。遲早，擁有高科技能力的大國必須進行持久的對話，這樣的對話應該集中在根本問題上：如何避免災難，並且活下來？

人工智慧和其他新興科技（例如量子運算），似乎讓人類更接近我們感知範圍以外的現實。然而，最終我們可能會發現，這些科技也有其局限，但問題是，我們還不了解這些科技的哲學意涵。科技驅動我們前進，但沒有意識，這是自動化過程。上回人類意識發生重大改變，是啟蒙運動時期，那是因為新科技產生新的哲學見解，而這些見解又被科技（以印刷的方式）傳播開來。在我們這個時代，新科技已經發展起來了，但還是需要哲學的引導。

人工智慧規模龐大，潛在利益深遠。人類在開發人工智慧，可是我們會用人工智慧來讓生活更好還是更差？人工智慧承諾要提供更強效的醫藥，更有效率、更公平的醫療服務，更永續的環境和各種進步；與此同時，人工智慧又可以扭曲資訊，或至少增加資訊的複雜度，以及辨識真相的困難度，讓很多人失去獨立推理和判斷的能力。

其他國家已經把人工智慧視為發展的項目。美國還沒系統性地探索人工智慧的範圍、研究人工智慧的影響或開啟相關流程來和人工智慧共容。美國必須把這些項目都當成國家優先發展項目，過程中需要各領域有豐富經驗的人一起合作，或許需要從政府、商界、學界遴選等級最高且受人敬重的一小群領導人物，才能從中獲益。

這樣的團體應該要至少有這兩項功能：

一、在國內，應該要確保國家在人工智慧領域維持智力與策略的競爭力。

二、在國內和國際上，應該要研究人工智慧帶來的文化意涵與影響，並提高覺知。

此外，這個團體應該要做足準備，和現有的國家級與其下轄團體共事。

我們撰寫本書，是為了全人類文明而努力——事實上，更可說是為了人類這個物種而努力。當初創造人工智慧的人不一定這麼想，他們的動機是要解決問題，不是思考或重塑人類的處境。科技、戰略、哲學要保持一定的一致性，避免其一超越另外兩項。我們要保護傳統社會嗎？那麼，為了創造更好的社會，我們要冒什麼風險呢？如何才能將人工智慧隨機應變的特質，整合到傳統觀念裡的社會常規和國際均衡？若發現自己沒有經驗與直覺，要尋求哪些問題的答案呢？

最後，有個「元」問題浮出了水面：人工智慧既以不同的方式詮釋和理解這個世界，人類對哲學的需求能不能在人工智慧的協助下得到滿足？人類能不能充分理解機器，和機器和平共處？我們的命運是不是要和機器共存，以改變這個世界？

康德在《純粹理性批判》的序言中表示：

人類理性在認知中有特定的命運，背負了許多理性不能置之不理的問題，因為這些問題就是理性所賦予的；但理性也不能回答這些問題，因為這些問題超越了人類理性的所有能力。

在接下來的幾個世紀，人類深入探究這些問題，其中一些深入心靈、理性和現實的本質。人類已經取得重大突破，也遇到康德提出的許多限制——這個領域有很多理性無法回答的問題，也有理性無法充分理解的事實。

人工智慧能夠以人類理性無法做到的方式來學習和處理資訊，或許人工智慧的出現會在一些超出我們能力的問題上取得進展。但成功會產生新問題，其中一些問題我們已經試圖在書中闡明。人類智慧和人工智慧正在互相認識，被應用於國家、大陸或全球規模的目標。理解這項轉變，並開發出指導倫理，需要科學家、策略專家、國家元首和哲學家、神職人員等社會各層面的承諾和見解，國家在其內部和國際之間也都必須做出承諾。現在就要定義我們和人工智慧的夥伴關係，以及這個夥伴關係會導致什麼樣的現實。

致謝

幸好有許多跨世代與跨領域的同事與朋友無私貢獻，才能催生出本書與書中想要引導的對話。梅瑞迪思・波特（Meredith Potter）專心勤奮地研究、草擬、編輯、整併了我們的觀點，建立架構，而且她還特別能理解抽象的觀念。史凱勒・思高登（Schuler Schouten）中途才加入這個專案，但是他過人的分析與寫作能力大幅推進了我們的論點、案例與論述。班・道斯（Ben Daus）最後加入這個專案，但他一加入之後，所做的研究搭配博學的歷史知識，讓我們找到了結論。我們的編輯與出版人布魯斯・尼可斯（Bruce Nichols）提供睿智的意見、犀利的潤筆與無盡的耐心，讓我們持續修改內文。愛達・羅斯查德（Ida Rothschild）以精準又透徹的筆觸編輯每一個章節。穆斯塔法・蘇利曼（Mustafa Suleyman）、傑克・克拉克（Jack Clark）、克雷格・曼迪（Craig Mundie）和梅絲拉・拉谷（Maithra Raghu）根據他們身為創新者、研究者、開發者與教育者的經歷，針對全書稿提供無可取代的回饋意見。美國人工智慧國家安全委員會的羅伯特・沃克（Robert Work）和易・巴扎拉達里（Yll Bajraktari）對與安全相關章節的初稿提出意見，展現出他們守護國家利益、負責防衛的決心。德米斯・哈薩比斯（Demis Hassabis）、達里奧・阿莫德（Dario Amodei）、詹姆斯・柯林斯（James J. Collins）和雷吉娜・巴吉雷（Regina Barzilay）說明了他們的工作對我們會有如何深遠的影響。艾瑞克・蘭德（Eric Lander）、山姆・奧特曼（Sam Altman）、雷德・霍夫曼（Reid Hoffman）、強納森・羅森柏格（Jonathan Roserberg）、莎曼珊・鮑爾（Samantha Power）、傑瑞德・柯文（Jared Cohen）、詹姆士・曼尼卡（James Manyika）、法瑞德・薩卡力亞（Fareed Zakaria）、傑森・本特（Jason Bent）、米雪兒・瑞特（Michelle Ritter）等人提供許多回饋意見，讓書稿更準確。我們希望也讓讀者更感覺到切身相關。

本書所有未臻盡善之處，都是由於作者力有未逮。

全球視野

AI世代與我們的未來

人工智慧如何改變生活，甚至是世界？

2022年12月初版　　定價：新臺幣390元
2023年12月初版第五刷
有著作權・翻印必究
Printed in Taiwan.

著　　者	Henry A. Kissinger Eric Schmidt Daniel Huttenlocher
譯　　者	葉妍伶
叢書編輯	連玉佳
校　　對	鄭碧君
內文排版	林佳玉
封面設計	陳文德

出版者	聯經出版事業股份有限公司
地址	新北市汐止區大同路一段369號1樓
叢書編輯電話	(02)86925588轉5395
台北聯經書房	台北市新生南路三段94號
電話	(02)23620308
郵政劃撥帳戶第	0100559-3號
郵撥電話	(02)23620308
印刷者	文聯彩色製版印刷有限公司
總經銷	聯合發行股份有限公司
發行所	新北市新店區寶橋路235巷6弄6號2樓
電話	(02)29178022

副總編輯	陳逸華
總編輯	涂豐恩
總經理	陳芝宇
社長	羅國俊
發行人	林載爵

行政院新聞局出版事業登記證局版臺業字第0130號

本書如有缺頁，破損，倒裝請寄回台北聯經書房更換。　ISBN 978-957-08-6644-5 (平裝)
聯經網址：www.linkingbooks.com.tw
電子信箱：linking@udngroup.com

國家圖書館出版品預行編目資料

AI世代與我們的未來：人工智慧如何改變生活，甚至是世界？
/ Henry A. Kissinger、Eric Schmidt、Daniel Huttenlocher著．葉妍伶譯．初版．
新北市．聯經．2022年12月．240面．14.8×21公分（全球視野）
譯自：THE AGE OF A.I.: And Our Human Future
ISBN 978-957-08-6644-5（平裝）
[2023年12月初版第五刷]

1.CST：人工智慧　2.CST：資訊社會

541.415　　111018016